UNE VIOLETTE

DU JARDIN

DE SAINT DOMINIQUE

UNE

VIOLETTE

DU JARDIN

DE SAINT DOMINIQUE

PAR

LE Chanoine J. M. TRICHAUD

MISSIONNAIRE APOSTOLIQUE, TERTIAIRE DOMINICAIN

Membre de l'Institut archéologique, de l'Académie pontificale
de Sainte Cécile de Rome, etc. etc.

Sa gloire est comme la fleur
des champs. (Isaïe, XL, 6.)

PARIS

LIBRAIRIE St DOMINIQUE A. DESPRÈS

6, Rue Saint Sulpice, 6

—

1884

UNE VIOLETTE
DU JARDIN DE SAINT DOMINIQUE

INTRODUCTION

Raison de cette publication.

« *Dix ans après ma mort, vous pourrez publier les communications que le Seigneur m'a inspiré de vous faire, si vous le jugez à propos, pour la plus grande gloire de Dieu et pour l'honneur de notre saint ordre. Mais, avec la recommandation formelle de taire mon nom de famille, celui de mon pays, et de ne m'appeler que par celui de Sœur Marguerite.*

Si, avant cette époque, la mort vous enlevait à ce monde pervers, veuillez léguer les notes que vous avez prises à mon sujet à quelque ami dont la confiance vous est acquise, ou à un couvent de Dominicaines. »

Cette lettre, datée du 23 juin 1874, étant
pour moi un véritable testament, les dix années exigées ayant été dépassées, et le Maître
de la vie ayant prolongé mes jours au-delà,
je me hâte de publier les merveilles de sa
grâce divine dans l'âme d'élite de l'humble
tertiaire de St Dominique dont la modestie
égala la sainteté.

CHAPITRE PREMIER

Naissance de sœur Marguerite. Ses instincts vertueux. Sainte Elisabeth de Hongrie la guérit d'une fièvre typhoïde. Elle va en pèlerinage au tombeau de cette illustre sainte.

Il est rare de rencontrer réunies ensemble les qualités précieuses de la petite violette : sa couleur peu voyante, sa tige flexible, son parfum suave et surtout son amour de l'obscurité. Emblème si pur de l'abnégation, elle fait le bonheur de ceux qui la cueillent. Au milieu d'un bouquet composé des fleurs les plus éclatantes et les plus odoriférantes, sa présence est toujours remarquée avec une certaine joie, tant son attrait est irrésistible et puissant ! Pourquoi cette préférence ? Eh ! c'est parce que la nature humaine, portant en elle-même le sentiment de sa faiblesse personnelle, recherche, malgré toutes ses inclinations contraires, ce qui lui en rappelle le souvenir.

Notre violette dominicaine aura certainement, pour tous ceux qui la connaîtront, un prestige non moins attrayant. Elle a vécu dans l'ombre, sans éclat, inconnue, frêle de tempérament ; mais d'une organisation spirituelle robuste, répandant autour d'elle, par sa simplicité, l'odeur agréable de ses virginales vertus : « *In odorem suavitatis, suscipiet nos.* » (Ezéch. XX. 41.)

Les esprits sages et les cœurs pieux ne s'étonneront pas des merveilles extraordinaires dont ils liront ici la narration avec attendrissement ; ils savent bien que les trésors de la bonté divine sont toujours ouverts à ceux qui les recherchent, et que la voie de la sainteté est constamment parcourue, quels que soient le nombre et l'acharnement de ses détracteurs.

Du reste, « *le bras de Dieu ne s'est jamais raccourci.* » Nous n'avons qu'à parcourir les annales de l'Eglise depuis sa fondation jusqu'à notre époque, pour en être convaincus. Mais nous, enfants de saint Dominique, ne sommes-nous pas tout fiers des innombrables prodiges opérés au sein de la famille dominicaine ? A notre foyer domestique, les dons parfaits se sont répandus avec une diffusion ravissante. Par une efflorescence toujours épanouie, le jardin de notre bienheureux patriarche, clos des lauriers du martyre et de la science, a produit et engendré encore des fleurs de sainteté de toute espèce.

Cette simple narration s'ajoutera aux récits plus importants de l'*Année dominicaine*

dont on peut dire : *nocturnâ versate manu,
versate diurnâ.* » Lisez-en les pages édifian-
tes, ô pieux tertiaires, et la nuit et le jour. (*)

C'est ce que faisait notre Sr Marguerite,
qui avait trouvé ces précieux volumes dans
la bibliothèque du château où elle naquit,
le 3 mai 1850, fête de l'Invention de la sainte
Croix. Sous l'étendard de notre rédemption
ses ancêtres avaient glorieusement participé
à la délivrance du tombeau de Jésus-Christ,
lors de la première croisade. Ils y avaient
conquis, avec vaillance, un blason demeuré
intact de toute tache, et qui s'était vu accolé
à celui des maisons royales. Son berceau fut
entouré des soins et des tendresses les plus
recherchés ; elle arrivait après deux fils alors
âgés l'un de dix, et l'autre de huit ans : c'est
dire qu'elle avait comblé les vœux de ses
parents, surtout de sa grand' mère paternelle
qui désirait ardemment avoir une petite-fille.

Marguerite la rendit trois fois heureuse et
satisfaite, parce qu'elle lui trouvait une res-
semblance frappante avec ses propres traits.
De plus, la bonne-maman s'en faisait déjà
une compagne aimable, assidue, jusqu'à la

(*) L'ANNÉE DOMINICAINE, cette œuvre colossale, vrai trésor
d'érudition et de piété, est réimprimée par M. Jevain, à Lyon, qui a
entrepris ce travail avec un courage au-dessus de tout éloge. Le premier
volume a paru en novembre 1882.

fin de ses jours. « Maintenant, s'écriait-elle, joyeusement, je puis chanter mon *nunc dimittis*, comme le saint vieillard Siméon, à la naissance de notre sauveur Jésus. » Aussi lui donna-t-elle son nom, en qualité de marraine, se promettant bien de l'élever dans l'amour de Dieu dont elle était une généreuse servante.

Marguerite grandit sous cette tutelle spéciale, dans une atmosphère imprégnée des émanations de la dignité, de la grandeur, de l'honneur et de la probité : non pas avec ces grands airs dominateurs qui froissent et choquent les classes inférieures, mais avec cette noble simplicité de ton et de manières dont on aime à subir l'empire. Dès l'âge de six ans, elle sut lire écrire et compter, pour employer l'ancien langage. Mais ce qu'elle savait surtout pertinemment, c'est l'abrégé de la doctrine chrétienne, le catéchisme, dont elle expliquait à merveille tous les chapitres.

Un jour, le vénérable curé de la paroisse, qui, une fois par semaine, avait son couvert mis à la table seigneuriale, lui demanda la signification de ces paroles : *Soyez simples comme des colombes et prudents comme des serpents.*

— Oh ! répondit la petite enfant, cela veut dire que nous devons imiter les colombes dans leur tendresse envers ceux qui les nourrissent, et qu'à l'exemple des serpents il nous faut user d'adresse pour gagner le paradis, ainsi qu'ils agissent pour surprendre leur proie.

— Mais, mademoiselle, répliqua le bon curé, si l'imitation des douces-colombes est digne de louange, il n'en est pas de même, ce me semble, de suivre l'exemple des serpents venimeux ?

— J'en suis désolée, répondit-elle avec grâce, c'est notre Seigneur qui nous a donné ce conseil, je l'ai lu dans le saint évangile.

Le saint évangile faisait ses délices : on lui avait donné un magnifique *Nouveau-Testament* illustré, qu'elle ne cessait de feuilleter et de contempler, dès qu'elle avait un moment de liberté.

— Allons ! lui disait-on quelquefois, lorsqu'on la voyait trop plongée dans cette contemplation, laissez là votre gros volume et venez vous distraire.

— Puis-je avoir une distraction plus agréable et plus avantageuse que de suivre le doux Jésus dans sa carrière mortelle, de le considérer opérant des miracles, et de l'entendre parler, lui, l'oracle divin ?

Elle atteignait sa septième année lorsque, au jour anniversaire de sa naissance, un de ses oncles, chanoine d'une métropole, lui offrit en étrennes *La science de la croix*, petit volume doré sur tranche, avec des enluminures splendides. C'était, il faut l'avouer, un cadeau bien sérieux pour une enfant si jeune ; plusieurs ne l'auraient pas apprécié à sa juste valeur. Marguerite, après avoir admiré les beautés extérieures de la reliure, ouvrit le livre et, lisant tout haut en souriant et les yeux pleins de feu, le titre : *La science de la croix*, ô mon Dieu ! s'exclama-t-elle, que cela doit être beau !

Très gravement, elle s'empressa de lire ce traité fort instructif, mais bien peu approprié à sa situation.

— Quelle idée avez-vous eue, mon frère, demandait au digne chanoine le père de Marguerite, en choisissant un pareil livre comme un présent à une petite fille à peine âgée de sept ans ?

— Mon cher frère, répondait le vénérable prêtre, qui avait l'intuition des tendances et des épreuves de sa nièce, Dieu m'a inspiré ce choix. Un grand nombre d'ouvrages certainement plus légers, plus amusants, plus récréatifs étaient étalés dans la vitrine de notre libraire. J'aurais pu prendre les fables de la Fontaine, Florian ou Berquin ; mais, chose inexplicable, mes yeux se fixaient constamment sur *la science de la croix*. Intérieurement, une impulsion véhémente me poussait à prendre celui-là. Je l'ai pris, pensant que c'était une inspiration secrète suscitée par la divine Providence, et je ne crois pas avoir mal fait. Au contraire, je suis persuadé que ces pages mystiques conviennent admirablement aux destinées de notre chère Marguerite.

Le bon chanoine prédisait vrai : une fièvre typhoïde ne tarda pas à mettre en péril les jours de sa nièce. Pendant deux mois, elle souffrit des tourments inouïs. Qui n'a pas entendu parler des perturbations intellectuelles et physiques provoquées par cette affreuse stupeur des sens dont le typhus est la cause première ? C'est une commotion violente imprimée à tout l'organisme, qui, se répercutant au cerveau, le jette dans une délirante inquiétude, difficile à calmer. Les idées les plus folles se démènent alors chez le pauvre malade qui perd entièrement connaissance et ne sait plus ni ce qu'il dit ni ce qu'il fait. On le remarque, néanmoins, les paroles incohérentes et les gestes bizarres se ressentent toujours des sentiments dont l'âme s'est nourrie habituellement avant la maladie.

Ainsi, la pauvre petite Marguerite ne parlait que de Dieu, du bonheur de l'aimer, de la joie de le servir. Elle conversait familièrement avec lui, appelait Jésus des noms les plus tendres, tenait avec les anges et leur reine des colloques affectueux et touchants.

Sa grand' mère éplorée, comme tous les membres de la famille, ne la quittait pas, et elle a recueilli quelques-unes de ses diverses exclamations et de ses différents monologues. Elle s'écriait, d'une voix délirante :

« O mon sauveur Jésus, vous si généreux, si bon, si miséricordieux, ayez pitié de votre enfant !

« O Marie, ma mère bien-aimée, je me réfugie sous votre puissante protection ; n'êtes vous pas la reine des anges ? Je veux être un séraphin, un chérubin, pour aimer tendrement Jésus, le fils de votre sein immaculé.

« J'aime beaucoup la violette dont le parfum est si agréable. Bonne petite fleur, vous vivez sous la verdure, toujours cachée ; moi aussi, je voudrais vous ressembler. Pourquoi ne suis-je pas une violette ?

« Regardez, grand' maman, regardez tous : vous, maman, vous, papa, toi, Raoul, toi, Louis, regardez ! »

En prononçant ces paroles, elle avait ses yeux brillants fixés vers la porte de sa chambre, et semblait suivre des personnes qui entraient et s'avançaient vers son lit : on l'aurait dite éblouie.

Que faut-il regarder ? lui demanda-t-on.

Après un moment de silence, elle répondit sur un ton bas et révérencieux :

« Voyez votre patronne sainte Elisabeth, grand' maman, accompagnée de deux jeunes filles qui soutiennent d'une main son manteau royal, et dans l'autre portent une cassolette d'or. Laissez-les venir près de moi, éloignez-vous pour leur faire place. »

Alors, la petite malade chercha à se relever et, étendant ses bras amaigris, elle sembla enlacer quelqu'un, le presser fortement et puis l'accabler de caresses, lui prodiguer d'affectueux baisers, en répétant : que vous êtes bonne, que vous êtes aimable de me visiter, grande sainte !

Alors se fit entre la céleste visiteuse et la petite fille, un dialogue attendrissant dont les assistants, émus, ne purent saisir qu'une partie. Sans doute, Marguerite croyait voir réellement Ste Elisabeth de Hongrie et ses deux suivantes, et l'entendre parler. Elle disait :

« Pourquoi venez-vous du Paradis pour visiter une petite enfant comme moi ?...
..... Ah ! c'est pour me guérir. Alors, c'est Dieu qui vous envoie, car on m'a appris qu'il est seul le maître de notre existence. Pourtant, je préférerais m'envoler auprès de lui, comme une colombe, et avec vous, patronne de grand' maman, me mêler au

chœur des vierges. Mais, s'il veut que je prolonge encore mes jours en ce bas monde, eh ! bien, que sa sainte volonté s'accomplisse, je me soumets, je me soumets. »

Ensuite :

« Ces onctions que vous faites sur ma tête, sur ma bouche, sur mon cœur, sur mes mains et sur mes pieds, ô bienheureuse reine, que produiront-elles ? ... Vous dites qu'elles me rendront la santé du corps et fortifieront la vigueur de mon âme dans l'exercice de la vertu ? J'en suis toute ravie. Votre huile sainte répand une suave odeur : quoi d'étonnant, elle vient du jardin des délices et peut-être ce sont les anges, avec leurs mains pures, qui l'ont fabriquée avec les olives des arbres du paradis...

« Je ne me trompais donc pas, c'est de l'huile divine ; elle me cause un bien-être inouï. Il me semble que mon mal disparait.

« Je l'ai compris, ces diverses onctions représentent des vertus particulières à chacune des parties dans mon être. Ma tête ne sera plus si légère et si folâtre : elle deviendra plus sérieuse et plus sensée. Ma bouche purifiée ne se souillera jamais par des paroles inconvenantes ou grossières, et prononcera souvent les saints noms de Jésus, de Marie et de Joseph. Mes mains resteront pures de toutes mauvaises œuvres. Mes pieds fouleront constamment les sentiers de la vérité et de la perfection chrétienne. »

Enfin, après quelques minutes de silence, pendant lequel la petite malade avait le regard dirigé vers un objet qui s'éloignait et qu'elle saluait révérencieusement, en souriant, elle poussa cette exclamation ;

« O belles vierges ! pourquoi ne m'emmenez vous pas avec vous au ciel ? »

Marguerite ne devait pas encore quitter cette terre qu'elle était destinée à embaumer par ses vertus et ravir par ses exemples édifiants. Car, après cette vision merveilleuse. tout son mal disparut complètement. Les médecins qui la soignaient, étonnés de ce changement inopiné, en attribuaient la cause à une intervention surnaturelle : c'est miraculeux ! répétaient-ils, c'est miraculeux !

Le fait est que, le jour même, Marguerite recouvra, avec ses forces physiques, l'entière lucidité de son esprit, à la joyeuse stupéfaction de toute sa famille, mais surtout de sa bonne-maman qui ne se possédait pas de bonheur. La pressant dans ses bras et la couvrant de tendres baisers, elle lui disait, avec une satisfaction orgueilleuse : · c'est à ma patronne sainte Elisabeth que tu dois ta guérison ; elle a été ton avocate auprès de Dieu et l'intermédiaire de sa prédilection. Remercions-la sans cesse de son intervention salutaire.

Et la bonne-maman et la petite fille unissaient leurs ferventes prières, pour témoigner au Seigneur et à Ste Elisabeth leur vive reconnaissance. Un pélerinage au tombeau de cette illustre princesse fut décidé, comme signe manifeste d'une profonde action de grâces. Mais, on voulut attendre quelques mois, afin de donner à Marguerite le temps de se fortifier davantage. — Non, non, pas d'attente, répliqua l'enfant avec ingénuité, quand on doit et qu'on peut solder une dette, il faut la payer immédiatement. Faisons nos préparatifs et partons.

Les bons parents ne purent résister aux désirs si justes de leur intrépide petite fille, et, quelques jours après, la grand' mère, le père, la mère, les deux fils et une nombreuse suite se mirent en route pour Erfurth, capitale de la Thuringe, aujourd'hui appartenant à l'empire d'Allemagne. C'est dans cette ville qu'avait régné Ste Elisabeth, dans tout l'éclat de sa jeunesse, de sa charité et de sa puissance de femme du landgrave de Hesse Louis Horman, et où elle avait voulu mourir, devenue veuve, dans l'abnégation et la misère, à l'âge de vingt-quatre ans, avec le titre de *Mère des pauvres.*

La pieuse caravane franchit l'Alsace et la Lorraine sans encombre. A la frontière, le chef du poste allemand, homme méticuleux et sévère, découvrant une irrégularité dans les passeports, voulait absolument interdire l'entrée du royaume de Prusse à nos voyageurs, qui furent obligés de discuter vivement avec lui. Pendant cette altercation, Marguerite ne cessa pas d'égrener son chapelet en invoquant avec ferveur Notre Dame de la Délivrance. A peine achevait-elle son dernier *Ave Maria*, que l'autorisation de poursuivre la route fut accordée.

Tous se réjouissaient de cette heureuse conclusion, lorsque l'essieu de la calèche principale se brisa, en rase campagne. Que faire, loin de toute habitation vers la chute du jour ? Conseil tenu, il fut résolu qu'avec des morceaux de bois fortement serrés autour de l'essieu rompu, à l'aide de cordes, et en ménageant le véhicule, on pourrait s'acheminer lentement jusqu'au plus prochain relai. L'épreuve réussit parfaitement ; à minuit on parvint dans une auberge de village où il fallut rigoureusement attendre jusqu'au lever du soleil pour faire réparer, tant bien que mal, par un maréchal-ferrant, l'avarie de la voiture : ce qui dura jusqu'à dix heures du matin.

Pendant ce long espace de temps, après avoir sommeillé sur des chaises, les nobles pèlerins récitèrent ensemble la prière et puis allèrent assister à la messe dans l'église paroissiale, qui servait également au culte catholique et au culte protestant. Le curé, tout surpris de cette nombreuse assistance d'étrangers, en apprenant leur aventure, s'empressa de venir les saluer et les invita à prendre le café dans son modeste presbytère. Tous s'y rendirent avec empressement et quelle ne fut pas leur surprise de trouver en ce digne ministre de Jésus-Christ, un ami du vénérable chanoine, membre de la famille, avec lequel il était en correspondance depuis plusieurs années, au sujet du tiers-ordre de saint Dominique dont ils étaient tous deux les généreux adeptes.

Cette découverte fut comme un trait d'union entre ces cœurs jusque là inconnus les uns aux autres. Ce que c'est, pourtant, que les sentiments engendrés par notre sainte religion : les chrétiens faisant partie de la communion des saints se reconnaissent jusqu'aux extrémités de la terre. Ils éprouvent immédiatement une attraction indéfinissable, une sympathie affectueuse, et se sentent enlacés par les doux liens de la charité dans l'amour de leur divin Rédempteur. Eh ! ne l'avait-il pas assuré, ce grand vainqueur de l'inimitié : « *Mes enfants seront un, ô mon père éternel, comme nous sommes un nous-mêmes.* » (Joan. XVII. 22.)

Voilà la véritable fraternité rêvée par nos modernes philanthropes, ou mieux dénaturée par leurs insignes perturbations de la doctrine sainte. Au lieu de donner un libre cours à leurs folles sentimentalités d'apparat, beaucoup mieux feraient-ils de suivre les impulsions de la charité évangélique « *dont il n'est pas nécessaire d'écrire*, » comme l'observe l'apôtre saint Paul aux Hébreux, (Ep. VIII, 1.) et qui, purifiant leurs âmes des ignominieuses scories de de l'amour-propre et de l'orgueil, les rendrait « *chastes, dévoués, miséricordieux, humbles et modestes.* » (S. Petr. Ep. III, 8.)

Un agréable entretien se fit dans la maison curiale, avec un abandon sympathique, de part et d'autre, comme cela a lieu entre d'anciennes et fidèles connaissances. Il roula naturellement sur la maladie, la guérison et le vœu de la petite Marguerite que le bon curé avait placée à sa droite, et dont il tenait la main, comme pour mieux lui prouver son affection paternelle. Et l'enfant, touchée de cette prédilection, lui répétait : monsieur le curé, vous me représentez mon cher oncle, et puisque vous êtes son ami, vous voudrez bien, je vous prie, vous souvenir de moi au saint sacrifice de la messe, demandant à notre Seigneur Jésus-Christ de m'associer au chœur des vierges, en me sauvegardant contre les moindres atteintes du péché.

— Oui, ma chère enfant, répondait le digne prêtre, je ne vous oublierai pas, et je supplierai le Seigneur de vous conserver pure et chaste comme cette aimable jeune sainte que voilà.

En prononçant ces paroles, il montrait du doigt une gravure collée avec plusieurs autres, sur un simple carton cloué à la muraille, représentant la bienheureuse Imelda Lambertini, dominicaine de douze ans, expirant d'amour, en recevant miraculeusement la divine Eucharistie.

— Oh ! s'exclama Marguerite, en fixant son regard sur le tableau indiqué, comme cette image me plaît ! qu'elle est belle cette religieuse en extase ! J'aimerais bien savoir son histoire.

— La voici, répondit le pasteur :

La bienheureuse Imelda naquit à Bologne de l'illustre famille des Lambertini, qui a donné à l'Eglise le grand pape Benoit XIV. A dix ans, Imelda obtint de sa vertueuse mère, dont elle consolait le veuvage, la permission d'entrer au couvent de Ste Madeleine pour y revêtir les livrées dominicaines, et se consacrer au service de Dieu.

La pieuse enfant y devint bientôt le modèle des plus anciennes religieuses. Mais ce qui la tourmentait sans cesse, c'était de ne pouvoir les suivre à la sainte table. Au moment de la communion, ses larmes coulaient en abondance, et on l'entendait dire avec un accent de désolation : O mon doux Jésus, quand donc aurai-je le bonheur de vous recevoir ? Enfin, le jour de l'Ascension de l'année 1553, son désir de s'unir à son bien-aimé Sauveur devint plus véhément : une hostie s'échappa du ciboire et alla se poser sur sa tête. Le célébrant, comprenant le mystère, la recueillit et en communia la jeune vierge qui, croisant les bras sur sa poitrine, expira d'amour.

Imelda avait alors douze ans. Ainsi, les liens qui l'attachaient à la vie se brisèrent sous la violence d'une joie céleste.

— Votre récit est admirable, s'écrièrent tous les assistants, avec une vive spontanéité ; tandis que Marguerite, profondément émue, la poitrine gonflée par les sanglots, versait des larmes abondantes.

— Je comprends votre émotion, ma chère enfant, poursuivit le respectable narrateur, en l'attirant plus près de lui. Vos pleurs sont un témoignage de votre piété, et la preuve d'une ardente aspiration à marcher sur les traces de cette illustre fille de St Dominique. Ayez confiance, vous lui ressemblerez.

Mais, regardez! observa-t-il, pour faire diversion à cet incident vraîment dramatique, regardez cette galerie d'autres saintes et d'autres bienheureuses dominicaines : sainte Catherine de Sienne, qui ramena le souverain pontife d'Avignon à Rome, et que le grand Pie IX a qualifiée de protectrice de l'Eglise universelle ; sainte Rose de Lima, cette étoile radieuse qui a éclairé le Nouveau-Monde ; sainte Agnès de Montepulciano et sainte Catherine de Ricci, non moins resplendissantes de gloire.

Ensuite viennent : la bienheureuse Marguerite, fille de Béla IV, roi de Pannonie, louée avec tant d'éloquence par saint Antonin ; — la bienheureuse Diane d'Andalo, dont la correspondance avec le bienheureux Jourdain de Saxe, en un style cicéronien, est si touchante (*) ; — la bienheureuse Marguerite du Château, née aveugle, chassée du foyer paternel et conduite par un ange dans un couvent de Dominicaines ; — la bienheureuse Jeanne, infante de Portugal, persécutée par ses parents à cause de sa vocation religieuse, refusant l'union du dauphin de France et du roi d'Angleterre, et mourant martyre, empoisonnée par une vile courtisane à laquelle elle reprochait sa conduite abominable ; — la bienheureuse Colombe de Rieti, dont la naissance fut saluée par un concert angélique, tandis qu'à son baptême une blanche colombe voltigeait allègrement au-dessus de sa tête ; — la bienheureuse Catherine de Raconigi, habituellement favorisée des visites de l'enfant Jésus et de l'ange

---

(*) Cette correspondance a été traduite et publiée par le R. P. Em. Ceslas Bayonne, en 1865, chez Baucha. libraire, rue Cassette, 31, Paris.

gardien ; — la bienheureuse Lucie de Narni, si zélée pour la propagation de l'instruction parmi les jeunes filles ; — la bienheureuse Marguerite, de la famille ducale de Savoie, à laquelle Jésus-Christ présenta les trois glaives des calomnies, des persécutions et des maladies, qu'elle saisit avec ardeur.

Puis, voyez de ce côté : saint Dominique, le vainqueur de l'hérésie albigeoise ; saint Thomas d'Aquin, l'ange de l'école ; saint Vincent Ferrier, le grand prédicateur du jugement dernier.

— Ah ! oui, observa le père de Marguerite, notre Bretagne s'enorgueillit de posséder son corps.

— Vous avez là une précieuse collection, ajouta la bonne-maman ; on en contemple les admirables figures avec un charme indéfinissable.

— Les heures se sont écoulées trop rapidement auprès de vous, monsieur le curé, dit la mère de Marguerite, mais nous sommes obligés de vous quitter à regret : voilà le valet de pied qui nous avertit que la calèche réparée est attelée. Donnez-nous, je vous prie, votre bénédiction.

Et tous se mirent à genoux, recevant avec respect les grâces attachées au signe de notre rédemption, formé par une main sacerdotale.

En sortant de la cure, Marguerite dit tout bas à l'oreille de sa grand'mère : je veux être dominicaine !

Cependant, on monta en voiture et on se remit en marche, en rappelant avec bonheur tous les incidents de cette station suscitée providentiellement par la fracture d'un essieu.

Rien d'extraordinaire n'eut lieu jusqu'à la dernière halte, qui se fit en face d'une petite chapelle dédiée à Notre Dame du Rosaire, bâtie par Ste Elisabeth, du vivant de saint Dominique, alors que le bienheureux patriarche institua cette ravissante couronne de cent cinquante roses d'*ave Maria*, si agréable à Marie ; car, ainsi que l'a proclamé l'illustre Lacordaire, *l'amour n'a qu'un mot, et, en le redisant toujours, il ne le répète jamais.*

Les nobles pérégrinants, en mettant pied à terre, entrèrent dans ce sanctuaire, pour remercier le Seigneur de les avoir conduits sains et saufs au terme de leur voyage. Le rétable principal représentait la reine des anges tenant son divin fils Jésus, remettant à son zélé serviteur Dominique, le rosaire et un bouquet de violettes.

De nouveau, Marguerite exprima à sa grand'mère, qu'elle avait plus que jamais l'intention de s'agréger à la milice dominicaine. Je veux en faire ici, en présence de

la très sainte Vierge, la promesse formelle.
Aidez-moi, bonne-maman, ajouta-t-elle, à la
remplir au plus tôt.

La bonne-maman l'ayant assurée qu'elle
acquiesçait à ses désirs, Marguerite exhala
un profond soupir de satisfaction ; ses yeux
s'illuminèrent de joie, un doux sourire effleu-
ra ses lèvres et, sur sa physionomie ordinairement pâle, se reflétèrent les rayons d'une
joie intérieure intense. Et son père et sa
mère, comprenant sa pensée, l'enlacèrent
dans leurs bras tremblants en lui prodiguant
les plus tendres caresses.

— O bon père, ô bonne mère ! s'écria-
t-elle, vous êtes toujours prêts à confondre
vos émotions avec les miennes. Mon amour
envers vous égale le vôtre à mon égard.
Puissé-je continuer à vous contenter en
toutes choses ! Dieu sait combien je le souhaite et avec quelle ardeur je sollicite cette
grâce de son ineffable bienveillance.

C'était là le prélude des supplications ar-
dentes et prolongées que notre pieuse enfant
formula auprès du tombeau de sa puissante
protectrice. Elle éprouva un frémissement
universel en se prosternant auprès de ces
reliques vénérables d'où, prétend-on, s'ex-
hale constamment un parfum délicieux. Les
rayons d'un soleil splendide, ce qui était
extraordinaire pour ce pays nébuleux, éclai-

raient la ravissante statue de marbre de
sainte Elisabeth ; on l'aurait crue animée,
vivante, au contact de cette petite fille profondément éprise de reconnaissance et d'affection, qui ne se lassait pas de la considérer
en tous sens, avec bonheur, de l'accabler
de ses remercîments, de lui redire ses désirs,
de lui exprimer sa tendresse, de solliciter
son patronage.

Douces heures de palpitante ivresse dont
le souvenir ébranlera perpétuellement l'âme
de Marguerite, en la transportant avec un
élan irrésistible, vers les régions de la félicité suprême.

Ce pèlerinage fut la plus fortifiante étape
de l'existence de notre chère violette. Là,
ses facultés intellectuelles et morales, comme
des corolles perméables, recueillirent le suc
des perceptions divines, mêlé à la rosée
fécondante des actions louables. Son dernier baiser sur les pieds de la statue vénérée
aspira toutes les émanations de la sublime
vertu de l'anéantissement, dont ce sarco-
phage sacré recélait la personnification la
plus candide.

Ecoutons Marguerite décrivant elle-même
ses impressions sur son carnet de voyage,
avec une naïveté délicieuse. D'une écriture
ferme, aux lettres arrondies, dénotant un
caractère énergique, elle trace les lignes
suivantes :

« Cette visite religieuse m'a pénétrée d'admiration pour la sainte princesse qui, toute fille de roi qu'elle était, et femme d'un landgrave fort riche, servait les malades, portait des aumônes aux indigents, consolait les affligés, recueillait les orphelins et les vieillards sans ressources. Puis étant jeune veuve agée de vingt-quatre ans, elle distribua ses biens à ses enfants et aux pauvres, abandonna son palais pour habiter non loin, dans une chaumière, mendiant son pain quotidien, et ne faisant que prier, le jour et la nuit. Ou bien si elle se reposait pendant quelques heures, c'était sur un tas de sarments, afin de se mortifier, pour l'amour de Dieu. Quel martyre ! Peu de jeunes dames de son rang ont agi comme elle et suivi son exemple.

« On trouve cela étonnant, et on ajoute : c'était une sainte. Est-ce que nous ne devons pas tous aspirer à la sainteté ? qu'importe notre naissance ! Précisément , parce que nous sommes nés dans un rang plus élevé, nous avons une plus grande obligation de devenir saints, pour remercier le bon Dieu de ses largesses, comme aussi pour stimuler ceux qui sont moins fortunés. Car, je le remarque tous les jours, les braves paysans de notre pays suivent l'exemple des gens nobles. Ils disent souvent: M. le marquis un tel, M. le comte un tel, madame la marquise une telle, madame la comtesse une telle, qui sont tous plus instruits que nous, pratiquent exactement les devoirs de notre sainte religion; pourquoi ne les pratiquerions-pas nous-mêmes. Tous, il nous faut aller en paradis.

« Voilà quelques-unes de mes réflexions suggérées par la vie de sainte Elisabeth de Hongrie. On dit qu'elle était très belle; je n'en doute pas, car le tableau qui la représente l'indique bien; sa statue, qni est son portrait, est ravissante. Plusieurs fois, il m'a semblé qu'elle était vivante; aussi je l'ai embrassée avec attendrissement. et avec autant d'effusion que si elle sentait mes caresses, aussi elle me les a bien rendues au centuple . . . . c'est drôle, ce marbre n'était pas glacé, mais chaud d'une moiteur . . . . Je ne pouvais pas m'en détacher. Lorsque je m'en séparais, un aimant attractif m'y attirait. Alors je m'en rapprochais encore, toujours avec un nouveau plaisir. Aussi, on m'appelait *la petite amoureuse* de sainte Elisabeth.

« Quand enfin, il a fallu prendre congé et m'éloigner de cette bonne et belle sainte, mon cœur a failli me manquer. Mais, pour me dédommager, je lui ai fait sur les pieds un gros baiser bien appliqué qui a retenti dans la chapelle. Puis je n'ai plus eu la force de me retourner pour la revoir; j'en aurais ressenti une peine trop cuisante, cependant j'avais une grande envie de revenir pour l'embrasser de nouveau . .. tant je l'aime. Mais je ne suis pas maîtresse de mes actions je dois obéir à mes parents qui sont pour moi les représentants de Dieu. Il faut partir il faut quitter ce saint lieu pour reprendre la route de notre belle France. Adieu, aimable sainte Elisabeth, je n'oublierai jamais de me recommander à votre intercession et de vous remercier *des bontés que vous avez eues pour moi qui n'en suis pas encore digne* ; adieu, et peut-être au revoir, sinon ici-bas, au moins bien sûrement dans le paradis, car je veux être une sainte pour vous rejoindre.

« Pour arriver à ce port bienheureux du salut, je mettrai sur ma barque la bannière de Notre-Dame du Rosaire, je deviendrai sa fille, en me faisant dominicaine, si mes parents y consentent, et si ma santé m'en fournit les moyens. Ainsi soit-il. »

Cet *ainsi soit-il*, prononcé avec tant d'abandon, est comme un écho prolongé des harmonieuses aspirations de cette jeune âme avide de prendre place sur le char enflammé de l'amour divin. Il y a, sous ces périodes ingénues, une rectitude de jugement incomparable ; un souffle de profonde sagesse en anime la trame aussi souple, aussi veloutée que les pétales de la violette. On sent que les vivacités de l'esprit abondent et concourent, avec les entraînements du cœur, à l'élaboration d'une vertu précoce.

Les raisonnements sur l'obligation de la sainteté, pour les membres de la société aristocratique, ont un cachet de mâturité surprenante. Qui n'en serait pas frappé ? Mais la note dominante qui vibre, au-dessus de tous ces accents enchanteurs, c'est le désir répété, formel, inébranlable, de conquérir le plus beau joyau de la couronne de sainte Élisabeth : l'humilité !

CHAPITRE DEUXIÈME

Le retour du pèlerinage de la famille de sœur Marguerite se fit par la Suisse. On s'arrêta à notre Dame d'Einsidlheim, où les populations du nord ne cessent pas d'accourir pour offrir leurs hommages respectueux à la Vierge immaculée, refuge des pècheurs, consolatrice des affligés, secours assuré des chrétiens. Successivement, il y eut des stations à Bâle, Lucerne et Genève. Enfin notre Dame de Fourvières, de Lyon, reçut aussi la visite de nos pieux pélerins qui, bientôt, abandonnant leurs voitures, prirent la voie plus rapide des chemins de fer et se retrouvèrent au manoir séculaire de leurs ancêtres.

Les habitants du village que dominaient ses tours féodales, épargnées par la Révolution, accoururent en foule, ayant leur pasteur à leur tête, pour souhaiter la bienvenue à leurs insignes bienfaiteurs, toujours prêts à les secourir, à leur venir en aide dans tous leurs besoins, à les protéger contre tous les dangers spirituels et temporels. A chacun, le patriarche de la maison avait une parole gracieuse à adresser. Il les connaissait tous par leur nom. Mais tous désiraient saluer leur petite maîtresse Marguerite, comme ils se plaisaient à la qualifier. Et la jeune fille rayonnante de joie, d'une santé florissante, racontait avec animation les péripéties de ce long voyage, et en particulier le bonheur qu'elle avait éprouvé auprès des reliques de sa sainte protectrice.

Oh! disaient ces braves gens, nous la prierons instamment de vous conserver à notre affection, et à celle de tous les vôtres.

Dans certaines contrées, les relations sont encore assez intimes entre les villageois qui se sont conservés purs de tout alliage anti-religieux et les descendants des anciens seigneurs. D'un côté, c'est le respect et l'estime et, de l'autre, la simplicité et la bonté rehaussées par une dignité sans hauteur et sans prétention. Il n'y a pas cette aversion menaçante de caste à caste, engendrée dans nos centres populeux, par l'ingérence des idées politiques.

La meilleure politique, disait le père de Marguerite c'est d'aimer, de servir Dieu, et d'aimer son prochain comme soi-même en

lui rendant tous les services possibles. Et, il
ne se contentait pas de le proclamer, mais il le
mettait en pratique, lui et tous les siens, suivant le précepte de notre divin maître: *il faut
exercer et enseigner*. (Act. I. 1.)

Dans un pareil milieu, Marguerite puisait
la grâce. la force, l'émulation, le dévouement
et la générosité. Elle profitait de tous les
sages conseils, et tous les exemples édifiants
qu'elle avait sous les yeux l'enhardissaient
à les reproduire. Sa digne grand' mère, qui
lui servit d'institutrice, écrivait à son fils, le
respectable chanoine :

« Tu me demandes ce que fait notre chère
Marguerite ? Eh bien, elle se perfectionne de
plus en plus, sous tous les rapports, religieux
moraux et physiques. Sa dévotion est droite
sans affectation ; quand je la vois prier, les
yeux bas, la tête légèrement inclinée, les
mains jointes, il me semble apercevoir un de
ces chérubins que les peintres nous représentent au pied du trône de l'Eternel, en contemplation devant sa majesté sainte.

« Le rosaire de noyaux d'olives de Jérusalem que tu lui as donné ne la quitte pas ; il est
attaché à sa ceinture sous sa robe. Constamment elle me redit son refrain : je veux être
dominicaine. Nous verrons plus tard. Chaque
jour nous lisons une des vies du livre *Les
saints et bienheureux de l'ordre de saint
Dominique*, qu'elle sait développer par des

commentaires très appropriés au sujet. Je la prépare à la première communion, mais elle suit le catéchisme de notre vénérable curé qui, tu le sais, est passé maître dans ce genre d'instruction.

« Aux examens, Marguerite et la petite fille de l'instituteur ont toujours mérité la première place. Je ne te recommande pas de prier pour elle, car ce serait faire injure à ton cœur; mais enfin réclame, en sa faveur, une bénédiction spéciale du Ciel.

« Il faut que je te raconte une de ses prouesses charitables. Tu connais bien le pauvre meunier Yvon qui a succédé à son père dans la gestion de notre moulin. Toujours malade depuis la mort de sa femme dont il ne peut se consoler, il passe la moitié de la journée au lit; ne recevant des soins incomplets que de sa jeune fille, à peine âgée de quatorze ans. Un ulcère lui est survenu à la jambe droite, et il était à craindre qu'il en fût incommodé au point de ne pouvoir plus absolument travailler pour gagner le pain de ses sept enfants, dont le dernier est en nourrice. Marguerite ayant partagé nos appréhensions et notre douleur à ce sujet, me communiqua son intention de m'accompagner chez ce malheureux et de lui appliquer ton rosaire sur la plaie. Nous y sommes allées. Marguerite s'empressa de dire à Yvon : réjouissez-vous, la sainte Vierge veut vous guérir; je vais vous entourer la jambe malade avec ce grand chapelet que mon oncle, M. le chanoine, m'a apporté du Jardin des olives, où notre Seigneur Jésus-Christ souffrit l'agonie. En même temps, vous prendrez le vôtre et vous le réciterez avec nous, avec la plus grande ferveur. Ce que nous fîmes à genoux avec les enfants de ce pauvre homme. En nous redressant, Marguerite lui recommanda de continuer à réciter le chapelet, en gardant le tien ; et demain, ajouta-t-elle avec un ton de fermeté qui me surprit, demain matin, vous serez guéri, et vous irez sans peine assister à la sainte messe pour remercier Dieu et la très sainte Vierge de votre guérison.

En effet, le lendemain, Yvon, à la grande stupéfaction de toute la paroisse, se tenait debout, fléchissait le genou, sans difficulté, et marchait avec aplomb. Sa figure rayonnait de contentement. Parfaitement débarrassé de tous ses maux, il s'est empressé de venir au château pour nous remercier.

« — N'est-ce pas, s'écriait Marguerite, que mon remède a été excellent ?

« — Ah ! Mademoiselle, répondait Yvon, plus qu'excellent, mais divin.

« Et elle battait des mains, en riant de ce sourire avenant que tu lui connais, ne se doutant nullement qu'elle avait été l'instrument de la bonté du Seigneur et de la très sainte Vierge, à l'égard de ce brave homme.

J'étais profondément émue de cette abnégation de l'innocence vertueuse. Je croyais voir en elle un de ces messagers célestes qui transmettent les bienfaits du Très-Haut, sans le moindre amour-propre pour l'ambassade dont ils ont été chargés. Saisis-tu maintenant ma satisfaction de grand' maman? Marguerite est véritablement l'ange tutélaire de la maison.... »

Après ce récit, terminé par un témoignage que l'on pourrait taxer d'exagération de la part d'une bonne-maman, si cette bonne-maman n'était pas exempte de prévention et n'avait pas eu les qualités de justice et de droiture que nous lui avons connues, que reste-t-il à ajouter? L'humble violette se dérobait constamment aux félicitations bien méritées, conservant précieusement en elle-même, à l'exemple de Marie, toutes ces paroles flatteuses, comme un élément nouveau d'émulation dans l'exercice du bien.

« Aujourd'hui, écrit-elle sur son journal quotidien, le 9 janvier 1867, nous sommes allées, avec grand' maman et maman, visiter à vingt minutes du village, dans une chaumière ouverte à tous les vents, comme l'étable de Bethléem, une bonne vieille infirme, fort âgée, qui fut jadis femme de chambre de mon aïeule, guillotinée en 1793, par les méchants révolutionnaires dont la race, j'espère, est perdue pour toujours. Nous l'avons trouvée couchée sur une paillasse aplatie et dure, et mangeant une soupe de pain que sa fille, mariée à un bûcheron, lui avait laissée avant de rejoindre son mari, occupé à couper du bois, dans la forêt de papa. La bonne vieille, presque aveugle, a compris la voix de grand' maman et s'est écriée comme Ste Elisabeth, lors de la visite de sa cousine, la mère de notre Sauveur :

« — Eh! d'où me vient ce rare bonheur de recevoir ici la fille de ma sainte maîtresse ?

« Elle tendait les bras en avant, en tremblotant, avec un transport d'allégresse inexprimable. Bonne-maman l'a embrassée, maman et moi nous l'avons embrassée aussi.

« — Quel bonheur! quel bonheur! répétait-elle. La voix de la petite Marguerite est exactement semblable à celle de ma sainte maîtresse, que je vois encore marchant à l'échafaud, avec tant de courage, me faisant signe des yeux, de ses yeux si beaux, si expressifs, de ne pas m'attrister, mais d'avoir bon courage. Oh! mesdames, mesdames, quand je me rappelle ce douloureux souvenir, ce grand spectacle de la résignation la plus profonde, mon cœur se fend et je succombe de tristesse . . . . .

« En proférant ces paroles, la bonne vieille suffoquée par les sanglots, ne pouvait plus parler. Elle éclata en larmes amères et nous eûmes beaucoup de peine à arrêter ses épanchements, à la consoler. Nous l'habillâmes, et, après l'avoir placée sur un grand fauteuil en cuir que mon aïeule lui avait donné, et qu'elle regarde comme une relique, nous changeâmes la paille de son lit, nous lui mîmes des draps blancs comme la neige, et puis nous la replaçâmes, en la couvrant chaudement. Elle n'avait pas d'expressions pour nous témoigner sa gratitude.

« — Que ferai-je, que ferai-je, maintenant que je suis paralytique, incapable de me remuer, pour me mettre à votre service, répétait-elle.

« — Eh ! bien, lui répliquai-je, vous avez tout le temps de prier : vous réciterez chaque jour un chapelet à mon intention, afin que je m'approche de la sainte table avec les dispositions requises.

« — Ah ! bonne demoiselle, s'écria-t-elle, ce n'est pas un chapelet que je réciterai pour vous, en particulier, mais un rosaire entier.

« Cette promesse m'a embaumé le cœur.»

C'est qu'en effet Marguerite se préparait à recevoir Notre Seigneur Jésus-Christ, avec des intentions pures. Rien ne pouvait la distraire de cette préoccupation constante. Toutes ses actions, tous ses mouvements, toutes ses paroles convergeaient vers ce centre de l'amour permanent de Dieu, s'immolant pour nous en sacrement adorable de l'Eucharistie.

Quelle nourriture substantielle ! quel aliment excellent ! s'exclamait-elle de temps en temps dans la journée. Ses oraisons jaculatoires se concentraient vers cette hostie immaculée dont elle savourait d'avance les douceurs ineffables. Ses méditations quotidiennes roulaient sur ce mystère de la tendresse infinie qu'elle travaillait à approfondir pour éprouver un plus vif empressement à sa participation. Tous les livres publiés sur ce sujet ravissant, tous les écrits imprimés pour exalter la bonté divine conviant les pauvres créatures à ce banquet sacré de la vie, devinrent l'objet de ses lectures.

Elle suppliait sa vénérable institutrice, sa grand' maman, de lui composer pour devoirs scolaires, des dictées et des narrations ayant trait à la réception du corps et du sang de notre doux Sauveur.

A mesure que le beau jour approchait, elle voulut réciter le sublime office de saint Thomas d'Aquin, en langue française, afin d'en goûter, une à une, les belles pensées, les conceptions suaves, les éblouissantes splendeurs. On l'entendait chanter, en s'accompagnant elle-même aux accords du piano dont elle avait le talent de manier habilement les touches :

« Quam suavis est, Domine, spiritus tuus etc... O Seigneur, que votre esprit est doux, puisque pour témoigner votre tendresse à

tous vos enfants, vous leur avez donné, du ciel, un pain rempli de délice, infiniment doux, vous comblez de biens les pauvres affamés de vous, laissant dans l'indigence ces riches superbes remplis de dégoût pour votre grâce. »

Une autre fois c'était :

« *O sacrum convivium . . . . O festin sacré où Jésus-Christ est reçu, où la mémoire de sa passion est renouvelée, l'âme y est remplie de grâces et l'on y trouve le gage de la gloire future : alleluia !* »

Quoi de plus saisissant que cette ravissante mélodie ! La voix vibrante et limpide de la future communiante, en accentuait les harmonieuses modulations, avec une sensibilité pénétrante qui donnait le frisson.

Arriva enfin l'époque de la préparation immédiate, la retraite, pendant laquelle les jeunes communiants passaient plusieurs heures à l'église paroissiale. Le matin, à 8 heures, ils assistaient à la sainte mese. Aussitôt après avait lieu une instruction sur un sujet adapté à la circonstance. Venait ensuite un exercice sur la manière de se présenter à la table sainte, de s'y agenouiller, de s'y tenir et de recevoir la communion. Telle se passait la matinée. Dans la soirée, à deux heures, nouvelle instruction ; récitation du chapelet, examen de conscience et confession. Ainsi le bon pasteur de la paroisse s'appliquait à préparer dignement ces innocentes créatures à l'action la plus mémorable de la vie chrétienne, action accomplie dans la plénitude de la raison.

Mais le soir du dernier jour de cette récollection, un émouvant spectacle remuait le cœur des assistants. Afin d'exciter à la contrition parfaite et de faire descendre sur ces âmes l'absolution entière de leurs offenses, la prédication roulait sur les sanglantes péripéties de la passion, jusqu'au dramatique dénouement du Golgotha. Alors que de tous les yeux attendris jaillissaient des larmes abondantes mêlées à des sanglots douloureux, l'orateur impressionné lui-même montrait le crucifix et faisait l'énumération des plaies causées par le maudit péché à notre divin Rédempteur.

Regardez-le, mes chers enfants, s'écriait-il, ce généreux sauveur devenu le jouet de nos crimes, maltraité, bafoué, mourant entre deux vils scélérats, abandonné par son père, expirant en pardonnant à ses bourreaux.

A cette vue, les pleurs, les soupirs, les gémissements redoublaient. Accablés sous le poids de cette amertume, les enfants venaient recevoir l'absolution. Peu après, au foyer domestique, une scène non moins attendrissante se produisait ; le communiant prosterné aux pieds de ses grands parents, de son père et de sa mère, leur demandait humblement pardon de ses désobéissances, de ses caprices et de ses mauvais exemples, promettant, à l'avenir, d'être plus sage, plus soumis et plus circonspect. Les parents, debout, lui pardonnaient et le bénissaient.

« Ce pardon solennel, écrivait Marguerite, produisit sur moi un effet presque aussi intense que celui de la rémission de mes péchés au tribunal de la pénitence. J'étais comme affaissée sous l'abondance des grâces célestes .... Mon père, d'une voix grave, prononça ces paroles qui me pénétrèrent de componction : ma fille, je te bénis du fond de mon cœur, te souhaitant ardemment que demain tu reçoives la sainte Eucharistie, avec foi et avec amour. Bien disposée, comme tu l'es, demande pour moi, pour nous tous, les dons divins. Certainement Dieu exaucera ta prière, parce qu'il aime à favoriser l'innocence.

« Je me relevai ; mon père m'embrassa tendrement, ainsi que ma mère, ma grand'-mère, mes frères, et une vieille cousine conviée à la fête du lendemain, et qui s'était fait un bonheur d'accourir de loin pour y participer. Jamais je n'oublierai ce qu'elle me dit, en me serrant dans ses bras : *demain le paradis sera en vous.* De fait, le lendemain je reçus, en mon cœur, non pas le paradis, mais celui sans lequel il n'y aurait pas de paradis, puisqu'il est lui-même la voie la vérité, la vie, le bonheur enfin. Quelle félicité est comparable à celle de posséder Jésus-Christ en nous-même, de le sentir vivant, là, dans notre poitrine, nous animant, nous vivifiant, nous pénétrant du parfum enivrant de sa présence réelle. Je fus comme anéantie en le recevant en moi ; son sang, remplissant mes veines, en chassa le mien, tandis que le feu de sa divinité me brûlait d'un incandescent embrasement. Non, je ne vivais plus, je ne vivais plus de ma vie personnelle ; mais mon bien-aimé Jésus vivait en moi. A la place de mon individualité faible et portée au mal, je sentais une fermeté, une vigueur, une propension irrésistible vers le bien. A la réception de cette manne suave et forte, j'avais éprouvé un bien-être indéfinissable auquel succéda immédiatement un noble attrait pour la vertu. »

La pieuse enfant pouvait s'écrier : Tout m'est insipide sans Jésus ; Jésus est du miel à ma bouche, une mélodie à mon oreille, une jubilation à mon cœur.

Ce n'était pas assez encore : il lui fallait le complément de la grâce divine, le faisceau des dons de l'Esprit-Saint, avec lesquels le chrétien peut défier les assauts les plus terribles, surmonter les pénibles suggestions et se transfigurer. Le sacrement de confirmation vint mettre le sceau à cet anoblissement incomparable.

Comme la colombe, qui médite en gémis-

sant, ainsi que s'exprime le grand prophète Isaïe, au chapitre LIX, verset II, Marguerite, apprenant qu'elle serait bientôt chrétienne parfaite, grâce à l'onction des huiles saintes, se mit à méditer sur elle-même, avec une sérieuse attention. Elle se dit : L'humanité est tombée dans les ténèbres, en plein jour, et s'est précipitée, comme les morts, dans les profondeurs d'une obscurité malfaisante. *Nous rugissons tous, comme des ours, et nous gémissons tristement.* (Is. ib.)

« Ah ! écrivait-elle, avec un jugement supérieur à son âge, à moi aussi il m'est advenu de choir dans le bourbier du péché, en pleine lumière, c'est-à-dire au milieu des grâces dont le Seigneur m'enveloppait. C'est pourquoi j'ai besoin d'un peu de méditation et d'examen, et de beaucoup de réflexions. Mais je ne veux pas, en cela, imiter les oiseaux de passage, qui se posent, pendant quelques instants, sur la branche d'un arbre et puis s'enfuient, à tire d'aile, sans se rappeler l'endroit où ils se sont arrêtés. Je veux aller paisiblement, lentement, afin de suivre le précepte de ma bonne grand' maman : *Qui va doucement, marche sûrement.* O mon Jésus, je me reconnais coupable d'un grand nombre de fautes, depuis ma première communion : je vous en demande humblement pardon. »

Ensuite, l'aimable et vertueuse jeune fille

soumet sa conscience à un examen scrupuleux. Elle se demande avec anxiété quel est son amour pour le Seigneur ; si elle prend plaisir à se rappeler son souvenir ; si elle sent de la facilité et du goût pour l'aimer. Elle pense que Dieu la voit dans les lieux les plus secrets. Combien, s'écrie-t-elle, qui s'ennuient de penser à ce souverain Maître, et qui agissent comme si son œil scrutateur et vigilant ne les observait pas ! Suis-je du nombre de ces infortunés ? Excellente et salutaire est la crainte du Seigneur, qui est le commencement de la sagesse ; mais, cependant, la confiance doit surmonter la crainte. Elle examine, avec une admirable pénétration, l'état de son cœur envers Jésus-Christ Dieu et homme. Est-ce que j'éprouve du plaisir à le visiter au pied de son tabernacle et à le recevoir par la sainte communion ?

« Les abeilles, affirme saint François de Salles, aiment à demeurer auprès du miel, et les guêpes s'obstinent à ne pas quitter les ordures. Ainsi les âmes ferventes trouvent leur contentement autour de Jésus-Christ, avec un charme extrême. Mais les mondains ne se complaisent que dans la vanité. »

Marguerite s'interrogeait aussi sur son affection envers Marie immaculée, les saints patrons de sa famille et l'ange gardien.

« Marie est ma bonne mère, celle que j'aime par dessus tout, après notre seigneur

Jésus-Christ, écrivait-elle ; ma confiance en elle est sans bornes, sans limites. Quant à l'ange gardien, je le vénère comme le compagnon inséparable de mon existence, et comme mon protecteur dévoué : ne m'a-t-il pas donné des preuves manifestes de sa prédilection ? Aussi, je lui parle avec autant d'abandon et de simplicité que je le ferais à l'un de mes frères. A peine ai-je exprimé un désir, qu'il me prête son secours. Combien de fois, depuis ma plus tendre enfance, ne m'est-il pas venu en aide ! A l'âge de cinq ans, ma bonne Adeline m'avait conduite en promenade sur les bords du torrent qui descend de la montagne et traverse nos prairies. Je m'amusais à courir après les papillons, une filoche à la main, à travers les roseaux, lorsque mon pied glissa et je roulai dans le courant d'eau, très rapide et fort profond, en cet endroit. Infailliblement, je me serais noyée, malgré les mouvements de ma bonne qui, étourdie, allait et venait en criant, allongeant le bras sans pouvoir m'atteindre. Déjà je m'enfonçais, en me débattant, et l'eau, remplissant ma bouche, m'enlevait la respiration. J'invoquai mon petit ange gardien qui, à ma prière, apparut visible. Oh ! qu'il était beau, avec son visage souriant, illuminé, ses deux yeux bleus, son abondante chevelure blonde flottant au gré du vent. Il était comme suspendu dans l'air, devant moi, les deux mains tendues que je saisis avec vivacité. Je me sentis soulevée doucement et transportée auprès de ma bonne, dont la douleur inexprimable se changea en une allégresse qui tenait du délire.

« Mademoiselle, s'exclama-t-elle, comment avez-vous pu sortir de ce gouffre ? Comment êtes-vous venue près de moi, sans toucher la terre ? On aurait dit que vous voliez ! quel miracle ! quelle merveille !

« Mais je me gardai bien de lui révéler le nom de mon sauveur. En même temps, je lui défendis de parler jamais de cet accident, ce que j'obtins facilement d'elle, par la crainte qu'elle eut d'être sévèrement grondée de son manque de surveillance. »

« Une autre fois, mais alors j'étais plus avancée en âge, j'allai, avec grand' maman, dans la buanderie, où la femme de charge coulait la lessive. Un feu assez considérable brûlait dans la grande cheminée, sous le chaudron d'eau bouillante. Je m'en approchai pour me chauffer les mains, car c'était en hiver, et le froid était rigoureux, lorsque les buches mal enchevêtrées, je ne sais par quelle cause, se désorganisèrent, se démolirent l'une sur l'autre et se répandirent près de moi. Ma robe s'embrasa et je poussai un cri d'épouvante, me voyant environnée de flammes. Mais, avant que grand' maman et la lessiveuse m'eussent saisie, j'aperçus mon

cher petit ange soufflant activement sur les
flammes qui m'englobaient et qui s'éteigni-
rent comme par enchantement. Mes vêtements n'avaient aucune trace de brûlure.
Grand' maman, pour laquelle je n'avais rien
de caché, me trouvant tranquille et souriante
comprit le mystère et ne cessa pas de bénir,
avec moi, ce généreux séraphin, dont elle
connaissait la protection à mon égard, et
aussi beaucoup envers elle.....

« Je me souviendrai toujours de cette
assistance angélique pour grand' maman et
pour moi, lorsque nous revenions, en calèche, d'une visite à notre cousine Cécile, qui
habite à une lieue de chez nous. Nos chevaux marchaient assez paisiblement, sous la
direction de notre vieux cocher Thomas.
Un chasseur, suivi d'une meute de chiens,
arrivait du fond de la forêt, en courant, pour-
suivant un lièvre qui passe malheureusement
à quelques mètres de l'attelage. Le chasseur
tire sur lui, coup sur coup ; les chiens se
précipitent, les chevaux se dressent sur leurs
pieds de derrière, cassent le palonnier, bri-
sent les courroies et s'élancent, en prenant
le mors aux dents. Le pauvre Georges tâche
de les maintenir, mais vainement. Grand'-
maman et moi, nous nous recommandâmes
à nos anges gardiens avec la plus vive ardeur.
Deux jeunes gens, inconnus, se trouvèrent
soudain à côté des chevaux, les saisirent à

la bride et les forcèrent à s'arrêter instantanément. Puis, ayant aidé le cocher à les
remettre en place, tant bien que mal, sans
dire un mot, ils disparurent, avant que nous
leur eussions témoigné nos remerciments.
Nous regagnâmes le château à pied, par le
sentier des chèvres, en louant le Seigneur
de nous avoir envoyé *ces deux jeunes gens*.
Le bon vieux Georges, mettant ses chevaux
au pas, arriva après nous, tout étonné de
lenr tranquillité, à la suite d'une pareille
escapade, et avouant que, sans le secours
de ces jeunes gens, nous étions tous perdus.
Les autres domestiques auxquels il raconta
l'accident, ne pouvaient s'imaginer quels
étaient ces sauveteurs si inopinément adve-
nus à point, et qui avaient disparu tout de
suite.

« Mon père, ma mère, et mes frères, alors
en vacances, nous adressaient de pareilles
questions : D'où venaient ces jeunes gens ?
Pourquoi n'avaient-ils pas parlé ? Quels
étaient leurs traits, leurs allures, leur habil-
lement ? Par quel chemin étaient-ils venus,
et par où s'étaient-ils éloignés ?... Hélas !
nous ne savions que répondre. Tout s'était
passé avec tant de promptitude, nous étions
tellement troublées, que nous n'avions pu
nous rendre aucun compte ni des personnes
ni des choses... Ceci se passait quelques
jours avant ma confirmation. »

La confirmation fut donnée, dans l'église paroissiale, par le vieil évêque du diocèse, assisté du chanoine oncle de Marguerite. Le prélat s'était rendu à l'invitation des nobles châtelains et avait accepté de descendre au manoir, ainsi qu'il le faisait, du reste, dans ses tournées pastorales en ce lieu. Plusieurs curés des environs étaient venus amener leurs confirmants, et, tous, ils furent invités au banquet présidé par leur chef spirituel. La cérémonie, à cause du grand nombre d'enfants, se prolongea pendant toute la matinée. Marguerite, dont les assistants avaient remarqué la rare piété, éprouva une légère faiblesse : on fut obligé de la soutenir et de la ranimer avec des sels odoriférants. De sorte qu'elle ne put pas assister au repas ordonné en son honneur, pour ainsi dire. L'évêque et tous les convives en furent attristés. Cependant, vers la fin du dîner, on la vit apparaître, dans tout l'éclat de sa fraîcheur juvénile et de sa beauté native ; car Dieu l'avait douée d'une physionomie attrayante et distinguée. Avec sa couronne de roses autour de sa chevelure d'ébène ondulant sur ses épaules, et maintenue par un grand voile de riches dentelles tombant gracieusement sur sa robe blanche, elle ressemblait, par son maintien à la fois grave et modeste, à ces vierges radieuses que le pinceau inspiré de *Fra Angelo de*

Fiesole nous a léguées comme un reflet des célestes phalanges suivant l'Agneau divin dans les parvis éternels.

— Oh ! la belle enfant ! Telle fut l'exclamation qui jaillit involontairement de toutes les bouches. Elle, les yeux à-demi voilés par de longs cils, vint se placer auprès du vénérable prélat, et lui adressa le compliment suivant, qu'elle avait composé elle-même :

MONSEIGNEUR,

Toutes les fois que votre Grandeur veut bien nous honorer de son auguste présence, un parfum du ciel embaume notre maison, en y répandant à profusion les joies spirituelles les plus sensibles, dans tous les cœurs. Mais, aujourd'hui, le mien, tout indigne qu'il est, a plus spécialement ressenti l'effet de votre bénédiction, Monseigneur. Grâces aux dons de l'Esprit-Saint que vous avez daigné verser sur moi, par le sacrement de la confirmation, je me sens plus courageuse à braver les assauts de Satan, pour suivre mon doux Sauveur, sur la route de la vertu. Vous tous, Messieurs, pasteurs des âmes qui formez une si noble couronne à notre chef vénéré, priez pour moi. Et vous, Monseigneur, bénissez-moi, afin que je persévère dans mes saintes résolutions.

A ces mots, Marguerite se prosterna. Le bon prélat, condescendant à sa prière, se leva et la bénit, en lui souhaitant force et persévérance, au milieu de l'émotion générale.

CHAPITRE TROISIÈME

Mission prêchée dans la paroisse de Marguerite par un R. P. Dominicain. Marguerite tient l'harmonium et dirige le chant des jeunes filles.
Elle est reçue au Tiers-Ordre. On la nomme présidente de la confrérie
du Rosaire. Vers qu'elle adresse au prédicateur partant. Sa corres_
pondance avec sa cousine Martha un peu mondaine, qui, tout-à-coup,
devient Sœur de St. Vincent de Paul et meurt promptement en soignant
les malades. Guerre de 1870. Pénitences de sœur Marguerite.

La vie régulière et presque monotone,
mais pacifique et sainte de notre petite Marguerite, coulait délicieusement. Comme un
fleuve paisible dont les ondes limpides tra-
versent les campagnes, en les fécondant, et
vont se jeter dans le vaste récipient des
mers ; ainsi ses journées bien remplies par
la prière, la méditation, l'étude et les arts
d'agrément, se succédaient en tombant dans
le gouffre de l'éternité, toujours embellies
par le plus profond amour de Dieu. Toutes
avaient le même aspect, le même mouvement, le même ordre. Cet ordre, ce mouvement et cet aspect si agréables au régulateur
suprême, qui en est le principe et la fin,
subirent une de ces commotions vivifiantes

dont la religion seule a le secret, et qui, depuis nos troubles politiques actuels, deviennent rares et difficiles. Une mission fut annoncée dans la paroisse.

Une mission est un événement important pour une population chrétienne : c'est l'heure solennelle où les âmes se recueillent dans la prière et la méditation, sous l'action prodigieuse de la grâce divine, dont un ou plusieurs apôtres zélés amènent, par leur parole éloquente, les courants les plus efficaces. Une mission est comme un météore lumineux qui brille sur les consciences pour en chasser les ombres perfides et y condenser les rayons éclatants de la vérité, de la vertu et du devoir. Pendant ce temps de récollection spirituelle et morale, s'opèrent des changements étonnants dans les idées, et des conversions prodigieuses dans les mœurs. Une effervescence extraordinaire s'empare de tous et vient animer chaque foyer domestique pour y porter la transformation la plus complète. O jours de bonheur et de salut, combien votre souvenir est touchant !

Pendant un mois, les concitoyens de Marguerite, oubliant les affaires du monde, ne songèrent plus qu'à raffermir en eux la Foi, l'Espérance et la Charité, en purifiant leurs intentions sous la direction intelligente et aux accents inspirateurs d'un digne fils de St. Dominique.

La noble famille de Marguerite, malgré l'éloignement et une température glaciale, — c'était en janvier 1869 — fut très assidue à tous les exercices de la mission. Marguerite fut priée de diriger le chœur des jeunes filles, et de tenir l'harmonium dont ses parents avaient doté l'église paroissiale, le jour même de sa première communion.

Elle fit exécuter des cantiques appropriés aux circonstances, aux cérémonies et aux discours. La musique est d'une puissance surprenante. Elle excite et passionne à la fois, surtout quand l'enthousiasme religieux est parvenu au comble de l'exaltation. Qui résisterait au saisissement provoqué par un ensemble de voix mâles et douces lançant à pleins poumons, et sur l'air bien connu, ces énergiques protestations :

> Bravons les enfers,
>
> Brisons tous nos fers,
>
> Sortons de l'esclavage,
>
> Unissons nos voix, ·
>
> Rendons à la croix
>
> Un sincère et public hommage.

Ou bien encore ces lugubres assurances :

> A la mort, à la mort, pecheur, tout finira,
>
> A la mort, à la mort, ton Dieu te jugera. etc. . .

Sous les voûtes retentissantes du saint temple envahi de toutes parts, ces chants

sacrés et solennels, soutenus par les accords
d'un orgue sonore aux mains d'un artiste
habile et pieux, vous suscitent des frémis-
sements et des transports indicibles. La prédication, après ces expansions généreuses,
devient une semence productive au centuple, car les âmes qui la reçoivent sont un
champ bien préparé pour la faire fructifier.
Aussi, le missionnaire dominicain appelait
Marguerite son aide, et mieux encore sa petite sœur prêcheresse, qualification qui plaisait à la jeune fille de plus en plus impatiente
de la mériter par des liens formels avec l'ordre des Frères-Prêcheurs ; sinon dans une
communauté, au moins dans la milice des
Tertiaires. Sa famille, à laquelle elle avait
manifesté, plusieurs fois, ses intentions, ne
les avait pas accueillies favorablement. Son
oncle le chanoine et son confesseur éprou-
vaient la même répugnance à favoriser son
entrée en religion ; ils l'en dissuadaient même
pour des raisons de santé et de haute con-
venance.

— Alors, s'exclamait Marguerite, vous vou-
lez que je consacre mes meilleures années
à complaire au monde, pour offrir ensuite à
mon sauveur Jésus, les faibles restes d'une
existence vieillie ? Ne me parlez pas du mariage. J'éprouve une antipathie invincible
pour cet état que j'admire pourtant, mais qui
ne convient pas à ma nature.

— Vous êtes jeune encore, ayez patience, lui répondait-on, Dieu vous accordera la grâce de lui appartenir complètement, lorsque l'heure sera venue. En attendant, devenez la fille de Saint Dominique par votre affiliation au Tiers-ordre de la pénitence. Vous serez ainsi religieuse au milieu de la société, comme sainte Catherine de Sienne, sainte Rose de Lima et tant d'autres vierges illustres par leur soumission à la volonté divine.

— J'accepte, répliqua la jeune fille, avec une sainte ardeur, et la semaine suivante elle eut le bonheur d'être agrégée à cette institution qui établit la vie monastique au foyer domestique.

« Me voilà donc Dominicaine, écrivait-elle le 23 janvier, fête de St. Raymond de Penna-fort, l'un des plus célèbres Généraux de l'ordre des Frères-Prêcheurs. Oh ! que je suis heureuse d'appartenir à cette race auguste de saints et de bienheureux qui, dans les cinq parties de l'Univers, ont semé la bonne odeur de Jésus-Christ et ont attiré dans son bercail tant de brebis fidèles. Et moi, pauvre enfant perdue sur un point imperceptible de la terre, que pourrais-je accomplir, à leur exemple ? Hélas ! . . . sans doute, je dois, avant tout, travailler à ma sanctification personnelle et me façonner à la vertu privilégiée de l'ordre de saint Dominique : l'humilité. Je suis trop orgueilleuse, trop infatuée des qualités et des dons naturels que le Seigneur a daigné me départir : c'est aussi clair pour moi que la clarté du soleil qui nous éclaire. Dès qu'on m'adresse le plus léger compliment, je sens en moi une satisfaction délectable qui enflamme mon visage. Quand serai-je délivrée de ce démon familier qui me persécute sans cesse et me maîtrise ? Voilà cette passion dominante dont le Père prédicateur a énuméré les caprices et les pernicieux effets. Tant que ce monstre abominable règnera dans mon être, j'aurai beau me parer du manteau de la vertu, mes vêtements intérieurs ne seront réellement que des haillons sordides, que des lambeaux infects. . . .

« Ce matin, à la sainte messe qui a précédé ma prise d'habit de tertiaire, j'ai eu une vision extraordinaire : que signifie-t-elle ?

« A l'instant où le R. Père commençait la messe, une blanche colombe n'a pas cessé de voltiger sur la croix du tabernacle, tandis que son bec se posait sur le cœur de Jésus-Christ crucifié. Il me semblait que le sang en coulait. Lorsque la sainte hostie a été soulevée, à l'élévation, j'ai vu s'élancer une autre colombe, plus petite, qui a volé vers la première, et a mis son bec dans le sien, en joyeux ébats. A l'élévation du calice, toutes deux se précipitèrent sur le bord. Oh ! qu'elles étaient jolies ! elles se balançaient là avec une grâce admirable, Puis, elles sont tombées dans le calice, et se rapetissant instantanément, elles disparurent dans le sang divin.

« Alors, trois anges se tinrent debout, à côté du célébrant : deux à droite, et un à gauche. J'étais vivement troublée, mais pas assez pour arrêter mon recueillement. Quand le célébrant découvrit le calice, un peu avant la sainte communion, j'aperçus les deux gracieuses colombettes nageant dans le sang du Sauveur, d'où elles sortirent plus blanches que la neige, et allèrent se poser, toujours le bec dans le bec, sur le tabernacle. Lorsque le R. Père absorba les saintes espèces, la plus grande des deux sembla entrer dans sa bouche ; l'autre vola dans le sanctuaire et revint sur l'autel, où elle tomba morte à la porte du tabernacle. Mais, dès que le R. Père eut ouvert cette porte, pour y renfermer le saint ciboire, en revenant de distribuer le pain de vie à plusieurs personnes, cette petite colombe que je voyais étendue, inanimée, se releva précipitamment et entra aussi dans cette prison. Cependant, les trois anges reparurent, tenant dans leurs mains entrelacées un cœur enflammé, sur lequel étaient écrits ces mots, en lettres de feu : *Elle mourra plutôt que d'être infidèle.*

« Après la messe, le R. Père prêcha sur la persévérance, en prenant pour texte la consolante affirmation de Notre Seigneur :

Celui qui persévèrera jusqu'à la fin, celui-là sera sauvé,

« Oh ! que je désire être du nombre des agneaux fidèles ! Aussi ai-je fait chanter ces stimulantes strophes :

> Armons-nous, la voix du Seigneur,
> Chretiens, au combat nons appelle.
> Ah ! voyez, voyez qu'elle est belle,
> La palme promise au vainqueur.
>
> Tout le cours de notre existence
> N'est qu'un long et rude combat,
> L'homme ferme que rien n'abat,
> Seul obtiendra la récompense.
>
> A l'aspect de notre courage,
> L'enfer a frémi de courroux ;
> Mille ennemis fondent sur nous,
> Mais nous nous rions de leur rage.
>
> Oui, pour prix de notre victoire,
> Le Dieu pour qui nous combattons
> S'apprête à couronner nos fronts
> Des nobles lauriers de la gloire.

Le jour même, comme consécration des bienfaits de la mission placés sous l'égide de la très sainte Vierge, fut érigée la confrérie du Rosaire, dont Marguerite fut nommée la présidente. Elle-même dressa la liste des paroissiennes qui devaient, à tour de rôle, réciter chaque jour publiquement le rosaire, à la tombée de la nuit, au retour du travail. Le lendemain, avant le départ du R. Père prédicateur, que l'on aurait voulu garder toujours, eurent lieu les adieux, au presbytère. Marguerite se chargea de les exprimer, en faisant chanter, par ses jeunes choristes, l'à-propos suivant dû à sa muse naissante.

Il luit enfin ce jour de pure ivresse,
Ce jour pourtant qui rend tristes nos cœurs,
Pour exprimer nos transports d'allégresse,
Par des accents de peine et de bonheur.
Ah ! répétons à notre Père,
Que ses bienfaits, nous les verrons toujours;
Redisons-lui, d'une voix bien sincère :
Jamais pour nous n'ont lui de pareils jours.

Pourquoi vouloir vous exprimer
Nos si vifs sentiments ?
Ah ! Dieu voudra bien exaucer
Nos cœurs reconnaissants.
Sensible à nos prières,
Il comblera nos vœux
Et toujours, sur la terre,
Vous resterez heureux.

Il est des heures dans la vie,
Où l'impuissance est notre lot,
Des heures où notre âme ravie
Sur nos lèvres n'a plus d'écho.
Mais Dieu qui sait nos vœux sincères,
Qui pénètre nos cœurs joyeux,
Y lit cette ardente prière,
Ce vif désir : qu'il soit heureux !

Pourquoi vouloir vous exprimer
Nos révérencieux sentiments?
Ah ! Dieu voudra bien exaucer
Nos cœurs reconnaissants.
Sensible à nos prières,
Il comblera nos vœux
Et toujours, sur la terre,
Vous resterez heureux.

Malgré ses graves imperfections, que nous avons respectées, cette poésie enfantine dénote une respectueuse gratitude et une naïveté candide qui plaît. Marguerite avait reçu du ciel un cœur d'or dans lequel se retrempait sans cesse son esprit exempt de duplicité.

Elle écrivait à une de ses cousines, appelée Martha :

« Tu me félicites, chère Martha, de mon agrégation au Tiers-ordre de St. Dominique

et tu me dis que j'ai choisi la meilleure part.
Je te remercie beaucoup de tes compliments,
mais je ne les mérite pas, ma bonne amie,
parce que je voudrais me donner entièrement à Dieu, et que je ne suis pas toutes
mes inclinations.

« A cause du refus de ma famille, qui ne
croit pas devoir m'autoriser à tout abandonner, pour me laisser ensevelir dans le cloître,
j'ai été heureuse de prendre ce moyen-terme
qui ne me satisfait pas. Cependant, les personnes graves qui me l'ont conseillé, m'ont
affirmé que le Tiers-ordre a été créé en faveur de ceux qui ne peuvent pas, pour de
grandes raisons, suivre leur penchant pour
la vie monastique ; et qu'alors on est religieux dans le monde avec les mêmes privi-
léges et les mêmes obligations, mitigées par
les devoirs sociaux indispensables.

« Quand tu viendras nous voir, je tàche-
rai de t'expliquer tout cela, de vive voix, en
t'exhortant à suivre mon exemple. Mais je
connais tes idées, tes aspirations bien diffé-
rentes des miennes, et je me garderai bien
de les blesser en aucune manière. Chacun,
ici-bas, doit garder sa liberté. Tu t'appelles
Martha, ma chère cousine, et je puis te dire
comme notre divin Maître à ta patronne :

*Marthe, Marthe, tu as trop de sollicitude
pour une infinité de choses.*

« Tu le sais, la vie est courte, et le peu de jours qui nous sont accordés doivent être employés à notre unique affaire : le salut. »

Par là, Sœur Marguerite, — ainsi faut-il l'appeler désormais — exerçait le ministère d'une vraie sœur prêcheresse, à l'égard de cette cousine qu'elle affectionnait plus tendrement, parce qu'elle lui connaissait un tempérament enclin à la vanité et aux plaisirs.

« Je t'en veux, ma chère Martha, lui écrivait-elle, quelque temps après, parce que tu n'as pas tenu ta promesse de venir passer huit jours au château. Ton père, qui veut t'excuser, m'a bien répété ce que tu m'as avancé toi-même, à savoir que tu as dû assister à la soirée du prince X... Si tu étais venue ici, cette obligation n'aurait pas existé et tu te serais sauvegardée d'une foule de tentations auxquelles il est difficile de ne pas succomber, au milieu du tourbillon d'un bal. Je ne te parlerais pas avec tant de franchise, moi qui suis plus jeune que toi, si tu ne m'avais pas suppliée *de te faire la morale,* comme tu le dis, lorsque l'occasion se présenterait de t'admonester. Ne crois pas, pour cela, que je ne t'affectionne pas autant; c'est le contraire, je t'aime plus que jamais. Ce qui le prouve, c'est que je me permets de te gronder à tout propos. Mais je souhaiterais te savoir plus sérieuse... Ne crains rien néanmoins, je n'ai pas la moindre intention de t'engager à te faire religieuse, quoique je prie Dieu de t'inspirer cette vocation. »

Et, chose curieuse, Martha, brusquement touchée par la grâce, refoulant généreusement ses tendances mondaines, échangea sa couronne de marquise contre la cornette blanche de St. Vincent de Paul, sous le nom de sœur Félicité. Envoyée, après l'année de probation, dans un hôpital maritime, elle y mourut, victime de son dévouement, d'une méningite aiguë contractée au service des pauvres matelots atteints de cette maladie douloureuse.

En apprenant cette triste nouvelle, sœur Marguerite éprouva un chagrin violent que sa piété ne put maîtriser tout d'abord. Son affliction fut si intense que son estomac ne digéra plus aucun aliment, pendant plusieurs jours. La nature l'emportait sur la soumission à la volonté divine. Mais, bientôt, la réflexion surmonta cette amertume sensuelle et rendit à notre chère affligée son calme habituel.

« Dieu me pardonnera, disait-elle, d'avoir subi une aussi forte émotion : la mort de ma chère cousine est le premier choc que je reçois dans mes affections : il n'est donc pas étonnant que j'aie été si cruellement meurtrie. Mon cœur était écrasé sous le poids de la douleur. Un mois ne s'était pas écoulé, depuis que j'avais vu cette bonne amie tout heureuse, fraîche et rose, dans son simple costume ; et soudain on nous annonce qu'elle est morte. Elle est allée, là-haut, bien jeune encore, par une faveur inappréciable, puisque Dieu, pour me servir des expressions du poëte Reboul, *lui a fait grâce des jours qu'elle devait couler ici-bas.*

Bienheureuse est-elle ! . . . J'en ai la ferme conviction, à cause de ce que j'ai cru voir à la sainte messe. Je prononçais, avec plus de dévotion qu'à l'ordinaire son nom de *Félicité* qui signifie bonheur, lorsque sur le calice, un peu avant la consécration, j'aperçus deux petites étoiles scintillantes au milieu desquelles était un objet que je ne pouvais distinguer. Bientôt les étoiles devinrent rougeâtres et semblèrent enflammer cet objet qui, alors, prit à mes yeux la forme d'un cœur. Sur ce cœur je lus *Félicité triomphe.* Cette bonne âme s'envolait vers le séjour de l'immortalité bienheureuse . . . Mon cœur débordait d'une grande joie. Oh ! qu'il est noble le saint sacrifice, qu'il est puissant ! et comment en apprécier la sublime valeur !... Jouis à présent de la gloire éternelle, tendre amie de mon enfance et de ma jeunesse ; et deviens ma protectrice tant que je resterai sur cette terre d'exil !.. »

Ainsi l'humble violette recevait, du soleil éternel, des éclats lumineux qui la fortifiaient de plus en plus, dans ses résolutions généreuses, et l'abritaient contre les rosées malfaisantes de l'orgueil. Cependant ceux qui la voyaient et la fréquentaient ne se doutaient pas, tout en respirant le parfum qui s'exhalait de sa personne, de sa valeur vertueuse. Avenante et simple, compatissante et douce, enjouée, spirituelle et se faisant toute à tous, elle captivait involontairement. On pouvait la comparer à l'aimant qui vous attire, sans manifester sa force attractive et irresistible.

A quinze ans le cœur de la jeune fille s'émeut facilement, un soupir le soulève, une larme l'inonde, un sourire le réjouit. Agréablement surpris et charmé fut celui de notre sensible Marguerite, par l'annonce du prochain mariage de ses deux frères avec deux sœurs, Blanche et Bathilde, appartenant à l'honorable lignée des ducs de X... aussi distinguées l'une et l'autre par leur piété, par leur éducation, par leurs attraits extérieurs que par l'éclat antique et sans tâche de leur blason fleurdelisé.

« Je comprends maintenant ce que j'ai cru voir aujourd'hui, 19 octobre 1869, au moment ou ma mère et ma bonne-maman s'agenouillaient à la table sainte, pour recevoir le pain des anges. A côté d'elles, se tenaient deux aimables vierges vêtues de blanc, le front couronné de lilas qui répandaient une odeur pénétrante. Elles jetaient des fleurs de toute espèce sur maman et bonne-maman. Je m'imaginais que c'était là l'indice des fruits produits dans leurs âmes par la réception de notre divin Sauveur. Mon petit ange, à qui je me suis adressée, pour avoir l'explication de ce magnifique tableau, m'a répondu, en souriant : Vous le saurez bientôt. »

Le jour de cette double union arrivant, l'explication fut péremptoire pour Marguerite, puisqu'elle relate, dans son agenda quotidien, avoir reconnu en ses deux belles-sœurs, les deux vierges qui lui étaient apparues. Elle ajoute, avec une pieuse satisfaction :

« Aujourd'hui, le dixième jour du mois de novembre, mes bien-aimés frères se sont mariés, sous la protection des saints martyrs, *les quatre couronnés*. Coïncidence remarquable ! eux aussi étaient quatre à se vouer une mutuelle foi pour l'avenir. Une intime cohésion de volonté les enchaînait à jamais, tandis qu'ils invoquaient le Dieu d'Abraham, d'Isaac et de Jacob, au nom duquel ils réunissaient leur sort.

« *Les quatre couronnés*, Sévère, Séverin, Carpophore et Victorin, nous raconte l'histoire ecclésiastique, sous la persécution de Dioclétien, détestant librement le culte des dieux du paganisme, accablés par les coups redoublés des fouets plombés, donnèrent leur vie pour le nom de Jésus-Christ... Eh !

qui sait ce qui est réservé à mes chers mariés et à mes chères mariées ?.... Seront-ils heureux ?... n'auront-ils pas des épreuves à endurer ?

« Mais, ils sont tous quatre fervents chrétiens, et ils sauront se soumettre à tous les événements .... Que de fleurs répandues sur le parvis, vers la fin de la cérémonie ; mais les violettes sont tombées en abondance sur mes frères et mes sœurs bien-aimés ; ils en étaient littéralement couverts. C'est donc l'humilité qu'il faut cultiver dans notre famille ? — *Oui*, m'a dit *la douce reine de l'humilité : parce que le Seigneur a regardé l'humilité de sa servante, on la proclamera bienheureuse, pendant tout le cours des siècles....* Oh ! que ce verset du *Magnificat* m'a paru sublime ! Puis... ah ! je n'ose l'écrire ; je le dévoilerai plus tard... »

Hélas ! les nouveaux époux ne devaient pas jouir longtemps ensemble du bonheur qu'ils méritaient et qu'ils s'étaient promis. La guerre, ce châtiment terrible de Dieu sur les créatures, s'était déchaînée sur la France avec un acharnement sanguinaire. Après d'épouvantables échecs, dont notre nation vaillante n'avait, jusque là, jamais subi les horreurs, d'audacieux triomphateurs s'avançaient de victoire en victoire, à travers les villes et les campagnes ensanglantées, incendiées et semées de cadavres. Partout la désolation, la ruine et le découragement ; et l'on pouvait évoquer le cri de l'apôtre saint Paul : *Vix pro justo quis moritur ?* (*Qui mourra courageusement pour la justice ?*) Des despotes implacables, pris d'une ambition démesurée, sans conviction et sans aptitude, se posèrent en défenseurs de la patrie humiliée, en habiles stratégistes ; et, accumulant fautes sur fautes, malheurs sur malheurs, sans jamais solliciter la protection divine, traînèrent notre drapeau dans la honte et la folie furieuse.

Au milieu de ce brouhaha inqualifiable, où le nom du Seigneur ne retentissait pas, l'esprit chrétien et chevaleresque, blessé de ce mépris calculé, bondit tout à coup, pareil au lion frappé.

Les anciens zouaves pontificaux s'étaient ralliés sous la bannière du sacré cœur de Jésus, et, au chant enthousiaste : *O sacré cœur, sauvez la France !* recueillaient, çà et là, des lauriers éclatants.

Dans le vieux manoir de sœur Marguerite, on se recueillait et on priait. Comme à l'époque des croisades, où les ancêtres avaient conquis leurs titres nobiliaires en participant vaillamment à la délivrance du tombeau de Notre Seigneur, l'animation était grande parmi les châtelains et les châtelaines. Les

uns voulaient prendre le mousquet et l'épée,
et les autres s'enrôler comme vivandières
ou gardes-malades dans les ambulances.
Tous enfin brûlaient du désir ardent de con-
courir à chasser les cohortes envahissantes
lorsque parut la proclamation suivante :

BRAVES HABITANTS DE L'OUEST ! VENDÉENS, BRETONS !

« L'ennemi est au cœur de la France, re-
« doutable et terrible ; il s'avance de jour
« en jour. Levons-nous pour venger nos
« frères immolés, défendre nos femmes et
« nos enfants. N'attendons plus : levons-
« nous !

« Que notre seule ambition soit le sa'u
« de la patrie ! Pleins de confiance en Ma ie
« et couverts de son égide, partons !

« Nos pères ont combattu pour la foi, ils
« furent des héros ; ils sont morts, mais ils
« furent victorieux, car leur foi fut sauvée
« et leurs noms glorifiés d'âge en âge. Vous,
« leurs dignes enfants, levez-vous ! La
« France éprouvée a tourné vers vous ses
« regards, elle vous attend pour sauver son
« honneur.

« Pendant que nous combattrons, nos
« évêques et nos prêtres prieront pour nous.
« Alors, méprisant la mort, comme autre-
« fois nos pères, jaloux du m rtyre, nous

« comprendrons que mourir pour une bonne
« cause, c'est commencer à vivre ; nous
« marcherons à l'ennemi avec audace, nous
« serons terribles. Que notre cri à nous
« soit donc : Dieu et la France ! et nous
« serons victorieux !

« CATHELINEAU »

A ce nom vénéré du descendant du saint de l'Anjou, à cet appel chaleureux cr chrétien, une foule de gentilshommes se sentirent envahis par le frisson des grandes circonstances. Le père et les deux frères de Sœur Marguerite furent de ce nombre. Ils s'arrachèrent aux embrassements de leurs femmes de leur mère, de leur grand' mère et de leur sœur qui les encourageaient, pour voler, le 18 octobre 1870, à Amboise, où se formait le corps franc vendéen. Ils ne le quittèrent qu'au jour de la paix la plus humiliante et la plus honteuse.

Malgré les fatigues, les privations, les périls, les souffrances de la faim, de la soif et du sommeil, sous la pluie, dans la neige, sur le verglas ; pendant cette longue et affreuse campagne, pas une balle ne vint les effleurer, pas un éclat d'obus ne les toucha, pas un malaise n'arrêta leur élan. Tous trois ils revinrent sains et saufs, en bénissant le Seigneur de les avoir préservés si visiblement.

Ah ! ils avaient laissé des cœurs aimants et pieux dont les supplications répétées et ferventes réclamaient en leur faveur l'assistance divine. Comme Moïse, les vertueuses châtelaines avaient les bras tendus vers le ciel et le jour et la nuit. A l'instigation de Sr Marguerite, elles avaient organisé entre elles le rosaire perpétuel, avec leurs servantes ; car les serviteurs, jeunes ou vieux, avaient suivi leurs maîtres et s'étaient dignement conduits sur le champ de bataille, comme dans les marches difficiles, sans recevoir, eux aussi, aucune égratignure.

Donc, dans la chapelle du château, depuis l'aurore jusqu'au coucher du soleil, et depuis le coucher du soleil jusqu'à l'aurore, le rosaire était récité à l'intention du salut de la France et de ses valeureux combattants. C'était une guirlande de roses mystiques, interminable, qui se déroulait en l'honneur de Marie, *le secours des chrétiens.*

Mais, dans la solitude de sa chambre, au fond de la forêt qui ombrage le côteau voisin, sous les longues allées du parc, sœur Marguerite ajoutait à la prière, des mortifications de tout genre, inventées par sa piété pénitente. Certainement, plusieurs religieuses de son âge seraient étonnées de cette merveilleuse intuition à découvrir des moyens de pâtir volontairement, de monter au calvaire, de se sacrifier soi-même avec tant d'adresse et de courage.

Elle sut imiter notre divin Rédempteur dans les plus cruelles phases de sa passion. Une couronne d'épines, avec ses pointes aiguës, entourait sa tête pendant les heures du sommeil qu'elle prenait, non dans sa couche moëlleuse, mais sur le dur parquet, ayant pour oreiller un escabeau de bois incliné. Pourquoi taire ses flagellations fréquentes, à l'aide de cordelettes entrelacées ? Pourquoi ne point révéler ses prostrations nombreuses, ses tenues prolongées de bras en croix ? Ne sommes-nous pas à l'aise avec elle, puisque, violette inconnue du jardin de St. Dominique, elle nous a permis de révéler ses actions cachées ?. .

Le croira-t-on ? Sr Marguerite avait prié le vieux bûcheron de la propriété de son père de lui fabriquer une lourde croix, sans lui dévoiler l'usage qu'elle prétendait en faire, en lui demandant de la laisser sur le sol, dans une clairière de la forêt. A certains moments de la journée, alors qu'elle avait l'autorisation de faire prendre l'air à sa petite levrette, elle se précipitait vers ce lieu solitaire, chargeait péniblement le fardeau sacré, et, tout en récitant le *Miserere mei Deus*, elle circulait pieds nus, à travers les arbres, sur les ronces et les épines qui lacéraient et ensanglantaient sa chair virginale.

— O mon doux Jésus, s'exclamait-elle alors, dans cette promenade douloureuse, ayez pitié de la France, arrêtez votre bras vengeur ; assez, assez de châtiments. Miséricorde, miséricorde ! Protégez mon père, mes frères et tous ceux qui combattent : accordez-leur la force de résister aux envahissements de nos ennemis ; rendez-les victorieux et ramenez-les couverts de gloire, pleins de santé, au sein de leurs familles plongées dans les larmes. . . .

— O mon Dieu ! nous écrierons-nous aussi, pénétrés d'admiration et de respect, est-ce que la sainteté n'existe plus dans notre siècle licencieux et perverti ? A la vue de cette adolescente si pure se vouant avec une telle ardeur *aux conflagrations et aux embrasements du martyre*, ainsi que s'exprime Bossuet, dira-t-on que les cataractes de la pénitence réelle sont fermées ? Osera-t-on affirmer que le livre de vie a été scellé et que votre main, ô Seigneur, mon Dieu ! a rejeté le burin dont elle se servait pour y graver les actes mémorables, les pensées salutaires et les paroles louables ?

Non, mille fois non ! Et c'est ce qui nous a sauvés d'un anéantissement complet, d'une destruction totale. Si nous vivons encore comme peuple, si nous comptons toujours parmi les nations, nous le devons à ces âmes

chastes, énergiques et saintes qui, par leur
intermédiaire, ont amené l'arc-en-ciel de la
réconciliation et de la paix avec le Tout-
puissant courroucé, à l'horizon de nos destinées futures.

CHAPITRE QUATRIÈME

Le concile du Vatican, destiné à sauvegarder les intérêts universels, religieux et politiques, malheureusement dispersé par les événements effroyables qui ébranlèrent le monde, à cette fatale époque de 1870, avait eu le temps de proclamer comme dogme de la foi catholique, la plus riche prérogative du vicaire de Jésus-Christ : l'infaillibilité pontificale.

Toute la chrétienté se prosterna avec une respectueuse docilité devant son souverain spirituel auquel, du reste, dans tous les âges, elle avait reconnu la faculté suprême de définir infailliblement *ex cathedrâ*.

L'éloquence, la musique, les arts, la poésie formèrent un concert unanime, pour célébrer la gloire du suprême magistère de celui à qui Jésus-Christ a dit, dans la personne de Pierre : *Tu es Pierre, et sur cette pierre je bâtirai mon Eglise, et les portes de l'enfer ne prévaudront point contre elle . . . Et toi Pierre, converti un jour, tu confirmeras tes frères.*

Sr Marguerite, en fille dévouée du Saint-Siége, avait suivi, avec une scrupuleuse attention, le mouvement imprimé à l'opinion publique par les discussions conciliaires. Son oncle, le chanoine, envoyait régulièrement à sa famille les comptes-rendus de ces mémorables sessions, où les Pères de la sainte assemblée, avec pleine liberté, développaient leurs sentiments personnels à ce sujet.

« Pourquoi tant de disputes ? écrivait alors notre Sr Marguerite, avec son bon sens ordinaire. Evidemment notre St. Père le Pape ne peut pas se tromper, lorsqu'il parle au nom de Jésus-Christ dont il est le représentant . . . Ce matin, 15 juillet 1870, à la sainte messe, mon bien-aimé compagnon d'exi¹ m'a montré le grand archange Raphaël à la tête d'une innombrable légion de messagers célestes, tous armés d'un glaive flamboyant, et le visage courroucé. Je me suis sentie vivement impressionnée, et je tremblais de tous mes membres.

« — Pourquoi cette frayeur ? m'a dit mon cher petit ange : ce n'est pas contre vous que mes frères sont irrités ; mais contre les Français qui s'acharnent à nier à Pie IX son pouvoir indiscutable de modérateur de la Foi ... Bientôt des défaites sanglantes et inconcevables de vos armées seront le prélude d'un terrible châtiment. Le Tout-puissant, notre maître, est exaspéré contre la France rebelle à sa loi. Il lui a donné plusieurs épouvantables avertissements : des pestes de toute espèce, des maladies affreuses sur les animaux et sur les plantes. Mais en vain. La rébellion et l'égarement se sont développés avec une extension effrayante. Maintenant la justice de l'Éternel est à bout. Sa vengeance n'aura point de bornes...

« Et alors je vis Raphaël, le chef de la phalange, se précipiter dans l'espace, et, brandissant son épée foudroyante, frapper à droite et à gauche. Les anges qui l'entouraient imitèrent son exemple. Des milliers de soldats jonchèrent bientôt le sol sanglant de la patrie toujours aveuglée...

« — Mon père, mes frères, ma famille et tous mes parents méritent-ils de tomber sous les coups de cette réprobation universelle ? — Non, non ! répondit le cher ange, vous serez tous sauvés : ayez confiance et voyez !

« Je regardais en face de moi et j'aperçus Raphaël, le sourire sur les lèvres, ainsi que ses nombreux miliciens célestes, croiser leurs épées sur la tête des miens comme pour leur former un rempart contre une bête féroce qui se dressait, pour se jeter sur eux. Un coup de l'épée de Raphaël l'abattit à mes pieds... Mais, de son sang noirâtre pullulaient de petits reptiles qui grossissaient à vue d'œil. Mon épouvante redoubla. Alors Raphaël, posant le pied sur la terre, y creusa un abîme dans lequel tomba le monstre qui se débattait dans les angoisses de l'agonie, ainsi que les petits serpents engendrés dans son sang. Que de malheurs ! que de malheurs ! ... »

Quand ces malheurs eurent cessé, par l'armistice, et que les esprits, rassérénés momentanément, eurent repris une certaine confiance, on revint peu à peu aux anciennes traditions. Le calme se faisant, les joûtes littéraires, scientifiques et morales se reformèrent aux quatre coins de la France, avec ce sel attique qui nous est particulier :

Chassez le naturel, il revient au galop.

En certaines provinces, éminemment catholiques, des concours poétiques ravivèrent les élans des muses endormies et rendirent aux lyres trop longtemps silencieuses, de même que les harpes des Israëlites exilés sur les fleuves de Babylone, toute la vigueur de leurs vibrations religieuses et patriotiques. Une académie ayant provoqué l'essor des poëtes sur deux idées devenues inséparables :

MARIE IMMACULÉE ET PIE IX INFAILLIBLE

notre sœur Marguerite se mit à l'œuvre et presenta la composition suivante :

A votre nom sacré, Marie ô notre mère,
Celui de Pie neuf sera toujours uni ;
Ce pontife inspiré, que l'univers révère,
Posa le sceau du lys sur votre front béni.

Vénérez, nous dit-il, la vierge immaculée !
Désormais, croyez-le, c'est un dogme de foi,
Le serpent infernal ne l'a jamais touchée.
En retour de ce don, ô vous, grand-prêtre et roi,

Pendant votre concile assemblé pour la fête
Qui rappelle aux chrétiens sa noble pureté,
Marie immaculée a paré votre tête
De ce brillant joyau : l'infaillibilité.

Réjouissons-nous donc ! vive soit l'allégresse
De nos cœurs attendris. Deux phares lumineux
Éclairent brillamment l'ouragan qui nous presse.
La volupté versait son philtre vénéneux ;

Menaçant et cruel, le Désordre en démence
Sapait les fondements de toute autorité.
Peuples, réveillez-vous : ce n'est plus l'espérance,
Mais le triomphe heureux de la réalité.

Le vicaire du Christ, de sa voix infaillible,
Confondra fermement l'audace des menteurs.
Le vice est abattu quand, d'un œil impassible,
La vertu, dominant, régit et fait les mœurs.

Marie incorruptible a terrassé la bête
Qui montait, en hurlant, des sombres régions.
Son bras, de l'eau bourbeuse enchaîne la tempête,
Le monde est balayé de ses infections.

Disparaissez, erreurs perfides et malsaines :
Un soleil radieux engendre le bonheur !
C'est la vie et la paix pour les races humaines ;
Gloire à Marie, à Pie neuf honneur !

Cette ode obtint le premier prix ; mais S*Marguerite, toujours inébranlable dans ses principes d'anéantissement d'elle-même, l'ayant signée simplement du prénom de *Violette*, on n'a jamais su quel en était l'auteur.

On ignore également à qui sont dues les strophes signées aussi *Violette*, formant une hymne suave à la Reine des anges, pour le mois de Marie, et qui furent récompensées d'une palme d'or, à Bruxelles, vers la fin de 1872. Les voici :

PREMIER JOUR

Que ne puis-je, en ce jour, que ne puis-je, ô Marie !
 Pour chanter mes transports,
Du céleste séjour emprunter l'harmonie,
Et célébrer ce mois par de brillants accords !

La terre a déployé sa naissante verdure
 Et ses joyeux concerts :
Tout m'invite à m'unir au chœur de la nature,
Pour te chanter gaîment, reine de l'Univers.

Dans cet exil, hélas ! mon luth baigné de larmes
 N'a pas de doux accents.
Les vœux et la prière exprimant mes alarmes
Savent seuls éveiller ses accords et ses chants.

DEUXIÈME JOUR
Sancta Maria

Nom sacré de ma mère, empreins-toi dans mon âme,
Grave-toi dans mon cœur,
Embrase-le toujours de ta divine flamme,
Te répéter sans fin, c'est là tout son bonheur.

TROISIÈME JOUR
Sancta Dei Genitrix

Vierge et mère à la fois, dans tes chastes entrailles,
Tu portas mon Sauveur,
D'amour et d'espérance, ô mère, tu tressailles,
Quand, dans ce faible enfant, tu vois ton Créateur.

QUATRIÈME JOUR
Sancta Virgo virginum

Dans ta sainte demeure, ô vierge la plus pure,
Des vierges tu guides le chœur,
C'est toi qui leur appris, dans l'humaine nature,
De la virginité, la gloire et la splendeur.

CINQUIÈME JOUR
Mater Christi

C'est toi qu'en ses transports contemplait Isaïe,
Sainte mère du Christ,
Oui, fils de Jessé, du salut, de la vie,
Sur ton sein virginal la fleur s'épanouit.

SIXIÈME JOUR
Mater divinæ gratiæ

Quand Dieu t'eut destinée à devenir sa mère
        Tu nous ouvris la source de tout bien,
Aujourd'hui, du Très-Haut céleste trésorière,
Tous ses bienfaits encor nous viennent par tes mains.

SEPTIÈME JOUR
Mater purissima, castissima, inviolata, intemerata.

Jamais le souffle impur, divin lys d'innocence,
        Ne ternit ta beauté,
Tu charmas les regards de ce Dieu de clémence,
Qui prit, en toi, la pauvre humanité.

HUITIÈME JOUR
Mater amabilis

C'est mon divin Jésus, ô mère toute aimable,
        Que tu tiens sur ton sein,
Et dans ce même sein, comme au port désirable,
Mon âme se repose, et ce n'est pas en vain.

NEUVIÈME JOUR
Virgo potens

De l'infernal serpent, tu domptas la puissance,
        O vierge de Juda !
Je le vois, à tes pieds, frémissant de vengeance,
Impuissant à briser le fer qui l'enchaîna.

DIXIÈME JOUR
Speculum justitiæ

De toutes les vertus, tu fus le vrai modèle
Et le miroir vivant ;
Le Très-Haut se plaisait, de sa gloire éternelle,
A revoir son image en ton cœur innocent.

ONZIÈME JOUR
Sedes sapientiæ

L'esprit saint te donna sa divine sagesse
Et ses dons merveilleux,
O vierge sainte ! Eh bien ! demande qu'il abaisse
Sur l'Eglise, et sur moi, la sagesse des cieux

DOUZIÈME JOUR
Causa nostræ lætitiæ

C'est en toi que j'ai mis toutes mes espérances,
Mère du vrai bonheur,
En vain, m'assailliraient les ennuis, les souffrances,
Ton souvenir toujours rend la paix à mon cœur.

TREIZIÈME JOUR
Vas insigne devotionis

Oh ! qui donc redirait les élans de ton âme ?
Mère du bel amour,
Lorsqu'au temple priant, le feu divin t'enflamme,
Et vers ton Dieu t'élève au céleste séjour.

QUATORZIÈME JOUR
Rosa mystica

Rose mystique, ainsi que la rose éphémère
    Embellit nos jardins,
Tu règnes immortelle, au ciel et sur la terre,
Charmant tous les regards de tes attraits divins.

QUINZIÈME JOUR
Turris Davidica

O toi, tour de David, où pendent invincibles,
    Les boucliers des forts,
Marie, ô mon refuge, en mes jours trop pénibles,
De ton enfant chéri protège les efforts.

SEIZIÈME JOUR
Fœderis arca

Dans l'arche étaient gardés avec la loi de crainte
    Les trésors d'Israël ;
De l'union d'amour, ô Marie, arche sainte,
Je viens puiser la vie à ton sein maternel.

DIX-SEPTIÈME JOUR
Janua cœli

Jadis tu nous ouvris les portes de la vie,
    Mère du Rédempteur ;
Maintenant vers le ciel, vers ma seule patrie,
Tu me guides, ma mère, ô porte du bonheur !

DIX-HUITIÈME JOUR
Stella matutina

L'étoile du matin, se levant radieuse,
Nous annonce le jour,
Du soleil de justice, étoile lumineuse,
Tu prédis aux mortels le bienfaisant retour.

DIX-NEUVIÈME JOUR
Salus infirmorum

Des infirmes humains, tu calmes la souffrance.
Source de nos besoins,
Aux malheureux toujours, tu donnas assistance :
Daigne aussi me donner ta tendresse et tes soins. .

VINGTIÈME JOUR
Refugium peccatorum

Au souvenir cuisant des vengeances célestes.
Le pêcheur repentant,
Trop faible pour briser ses entraves funestes.
Lève vers toi son regard suppliant.

VINGT-ET-UNIÈME JOUR
Consolatrix afflictorum

Quelquefois dans l'exil, abattu par l'orage,
Je m'assieds tristement.
Alors ton nom sacré relève mon courage,
Mais, hélas ! que vers toi j'arrive lentement!

VINGT-DEUXIÈME JOUR
Auxilium christianorum

Viens en aide, ô Marie, à cette foule immense
Qui court à tes autels,
Satan veut nous surprendre, une fausse science,
Dans l'ivresse du crime entraine les mortels.

VINGT-TROISIÈME JOUR
Regina angelorum

Aux pieds de l'Eternel tu vois, reine des anges,
Leur troupe s'incliner :
Ils le chantent ce Dieu qui forma leurs phalanges,
Et celle que, pour reine, il voulut leur donner.

VINGT-QUATRIÈME JOUR
Regina patriarcharum

Les patriarches saints, de même que l'aurore
Du jour libérateur,
Appelaient ta naissance, et dans les cieux encore
Ils te disent leur reine, en chantant leur Sauveur.

VINGT-CINQUIÈME JOUR
Regina prophetarum

Dans la sainte Sion, ils t'offrent leurs cantiques,
Ces Prophètes sacrés,
Qui te chantaient si bien, quand leurs voix prophétiques,
Vierge, te promettaient aux peuples affligés.

VINGT-SIXIÈME JOUR
Regina apostolorum

Devant eux, ils t'ont vue, en leur noble carrière,
    Ces apôtres zélés
S'élança t aux combats, sous la sainte bannière
Qui les couvrit, bientôt, par le fer immolés.

VINGT-SEPTIÈME JOUR
Régina confessorum

Soit au milieu du monde, ou dans la solitude,
    Tous les saints confesseurs,
A suivre tes vertus faisaient leur douce étude
Et trouvaient tous. en toi, d'ineffables douceurs.

VINGT-HUITIÈME JOUR
Regina virginum

Puissé-je, ainsi que vous, ô Vierge toute belle,
    A mon céleste époux,
Jusqu'au dernier soupir garder un cœur fidèle :
Qu'il ne batte jamais que pour lui. que pour vous !

VINGT-NEUVIÈME JOUR
Regina sanctorum omnium

Reine de tous les saints, au séjour de la gloire
    Tu les a couronnés.
Ils chantent, avec toi, l'hymne de la victoire
Au banquet de l'agneau. convives fortunés

TRENTIÈME JOUR

Regina sine labe originali concepta

Aux regards du Très-Haut, tu parus toute belle,
    Dès ta conception.
Non, l'enfer ne vit pas la faute originelle
Distiller, en ton sein, son funeste poison.

TRENTE-ET-UNIÈME JOUR

En ce jour, ô Marie, en ce jour qui couronne
    Ce mois plein de bonheur,
Je viens, sur ton autel, ô ma bonne patronne,
Déposer tout ensemble et ma lyre et mon cœur.

Ce fut là comme le chant du cygne de notre humble violette. Une mélancolique nostalgie s'empara d'elle, envahissant lentement ses ressources vitales et laissant tomber goutte à goutte, sur son esprit impressionnable, le pressentiment d'une dissolution prochaine. L'image de la mort se présentait constamment à ses yeux qui en prirent une funèbre teinte.

Elle ne se contentait pas d'en parler avec une certaine assurance, mais encore elle la dessinait sous diverses allégories mystiques, toutes pleines d'enseignements salutaires.

Je choisis, parmi ces croquis à la plume, qui dénotent un vrai talent artistique, un dessin large de vingt centimètres sur douze de hauteur, représentant un tombeau ébréché, au couvercle brisé, d'où s'échappe une pensée largement épanouie, au milieu de laquelle se détache une tête de mort. En haut du sépulcre, se dresse le signe de notre rédemption, duquel tombe une banderolle portant cette inscription laconique :

Mors dilectio (*La mort est comme l'amour*)

Sentence sublime empruntée aux divines inspirations du cantique des cantiques, qui révèle le double sentiment dont Sr Marguerite était animée : la pensée du trépas mettant le sceau à sa tendre dilection pour Jésus-Christ, le seul objet de son amour ici-bas.

Dans le même temps, elle crayonnait une esquisse non moins remarquable par l'ampleur et la fermeté des lignes, et dont le sujet aussi révèle la préoccupation de son âme. C'est presque un raccourci de l'immense et immortelle fresque du Jugement dernier de Michel-Ange, à la chapelle sixtine du Vatican, de la dimension d'une grande feuille de papier à dessiner, teintée légèrement chamois ; avec des modifications que j'appellerai dominicaines.

Le souverain juge, notre Seigneur Jésus-Christ, armé de la croix, est assis sur des nuages floconneux à travers lesquels scintillent de nombreuses étoiles. A sa droite, on remarque la très sainte Vierge abritant sous son vaste manteau, d'un côté les Frères-Prêcheurs, et, de l'autre, les Sœurs prêcheresses, ainsi que le raconte la légende de notre saint ordre. En avant de ce dernier groupe, Sʳ Marguerite s'est représentée elle-même, sous la figure d'une humble tertiaire, sans scapulaire, à genoux, les mains jointes, avec cette supplication écrite, à la façon moyen-âge, sur le bord de sa chape : *Monstra te esse matrem (Montrez-vous ma mère)* d'un côté, et de l'autre : *Per te virgo sim defensus in die judicii. (Défendez-moi, vierge sainte, au jour du Jugement.)*

Travaillée par la contemplation des fins dernières, Sʳ Marguerite s'agitait en toutes choses, comme pour recueillir les épis les plus abondants du mérite, et former une gerbe bien fournie, à l'heure de son trépas.

Quand on la suppliait de restreindre ses bonnes œuvres, de réduire ses actes religieux, d'abréger ses prières et ses méditations, de ralentir enfin sa vivacité :

— Eh ! répondait-elle, j'ai hâte de combler le vide de mon existence. Qu'ai-je fait, jusqu'à présent, pour être agréable à Dieu et m'attirer sa miséricorde ? Du reste, la sagesse éternelle l'a proclamé : *La vie est dans le mouvement.*

« Ce matin, 27 avril 1873, consignait-elle dans son répertoire journalier, à la chapelle où mon oncle célébrait la sainte messe, mes yeux ont vu un spectacle étrange. Mon Dieu, que signifie ce sang abondant qui coulait dans le calice ? Serait-ce encore quelque grande souffrance, ou bien une victoire sur l'ennemi du bien ?... Deux anges semblaient diriger ces cinq ruisseaux, afin qu'aucune goutte ne se perdît. Mais je voyais avec effroi le calice se remplir, et je me disais : lorsque ce divin liquide débordera, qu'adviendra-t-il alors ? Mon appréhension augmentait, et en effet, le sang dépassant le bord, j'ai aperçu une main, blanche comme la neige, qui le recueillait, en le jetant dans le tabernacle. Puis, tout à coup, l'écoulement a cessé, et j'ai entendu des voix célestes qui chantaient :

« *Hic est sanguis novi testamenti* (*c'est le sang de la nouvelle alliance*) *Alleluia !*

« Et, tout autour de l'autel, des lys d'une blancheur éclatante, se balançant gracieusement, embaumaient la chapelle.

« La même main qui, naguère, recueillait le sang, les a cueillis, en a tressé une couronne superbe et, à mesure que cette forêt de lys disparaissait, une belle dominicaine se montrait, façonnant la couronne : c'était sa main que j'avais aperçue. La couronne achevée, elle l'a posée sur la tête de la sainte Vierge placée au fond, au-dessus de l'autel.

« Qui était cette dominicaine ?.. Sans doute sainte Catherine de Sienne dont nous faisions la neuvaine préparatoire à la fête, avec mon oncle, ma bonne-maman et ma mère. Mes frères et mes belles-sœurs sont chez eux, à dix lieues d'ici environ, avec mon père qu'ils ont convié à une course de chevaux, comme cela arrive quelquefois ; car ils le savent amateur de ces sortes de plaisir... »

Le soir même, au déclin du jour, un cavalier arrivait, à bride abattue, apportant la nouvelle désastreuse d'une catastrophe survenue pendant la course. La tribune sur laquelle se trouvaient le père, les frères et les belles-sœurs de Marguerite, et d'autres spectateurs, s'était effondrée, entraînant pêle mêle dans sa chute, les personnes, les chaises, les fauteuils et tout le bois de charpente dont elle était formée. Il est facile de comprendre la douloureuse sensation produite sur tous ces cœurs tendrement unis dont aucune fibre ne s'ébranlait, sans qu'immédiatement toutes les autres ne fussent remuées. C'était la réponse à l'interrogation du matin formulée par sœur Marguerite pendant le saint sacrifice, alors qu'elle apercevait comme une source abondante de sang se déversant dans le calice : « *serait-ce le symbole de quelque grande souffrance ?* »

Eh ! la souffrance ne pouvait pas être plus forte, plus aiguë, puisque la moitié de la famille était atteinte dangereusement. Pourtant le billet, écrit par une main amie, n'était pas alarmant ; il disait simplement que les victimes de la catastrophe s'étaient alitées par précaution, sur l'avis des docteurs, et devaient garder un repos absolu. Il recommandait de ne pas se troubler ; qu'il n'y avait ni cassure, ni foulure, mais uniquement des contusions peu graves. Du reste, le lendemain matin, un nouveau messager serait envoyé, avec plus amples informations et de plus longs détails.

CHAPITRE CINQUIÈME

Sœur Marguerite et les siens récitent le rosaire pour la guérison de son père, de ses frères et de ses belles-sœurs. Cette guérison est obtenue. Sa grand'maman, dangereusement malade, boit quelques gouttes d'eau dans laquelle a été infusée une feuille de l'oranger planté à Rome par St Dominique, et elle est guérie. Son père et sa mère, malades, boivent de l'eau dans laquelle a trempé une rose bénie, et ils recouvrent la santé. Sœur Marguerite attribue ces guérisons à son ange gardien. Belles visions. Transports d'amour divin. Elle se fait agréger à la milice angélique ; histoire du cordon de St Thomas d'Aquin. Nouvelle tentative de mariage ; refus obstiné. Sœur Marguerite consacre sa dot à fonder une salle d'asile et un hospice pour les vieillards des deux sexes. Visites de Sr Marguerite à une recluse dont la figure était dévorée par un cancer. Sa sublime exclamation.

La nuit se passa dans l'anxiété, les appréhensions et le trouble ; mais la prière s'exhalant de ces cœurs pieux les calma suffisamment pour attendre jusqu'au point du jour. En une commune supplication, ils invoquaient le secours divin, se pénétrant ensemble du mystère consolateur du crucifiement de Jésus-Christ, et de nous-même avec ce généreux réparateur. Ils s'excitaient mutuellement à boire le calice amer de Gethsémani avec affection, et à se soumettre patiemment aux coups de l'adversité qui les frappaient si inopinément. Le sacrifice et l'immolation sont inhérents à tout véritable amour : « Je ne suis pas assez saint, écrivait l'illustre restaurateur de l'ordre de saint Dominique en France, à Madame Swetchine, le 13 mai 1840, pour me réjouir toujours dans les contradictions ; elles me consolent parfois, me plaisent même, mais elles me troublent aussi. Il faut que l'homme s'élève et s'abaisse sous la main de Dieu comme les flots de la mer, et que les plus fortes trempes sentent leur infirmité. »

Après la messe, célébrée de grand matin, par le vénérable oncle de sœur Marguerite, à laquelle maîtres et serviteurs assistaient avec la plus fervente dévotion, tous montèrent en voiture pour rejoindre les chers blessés. Pendant le trajet, le rosaire avec ses méditations si avantageuses sur les joies, les douleurs et les gloires de notre divin Rédempteur et de sa sainte mère, charma les longueurs de la route, en tempérant une affliction bien légitime. A moitié chemin, on rencontra le messager, qui apportait d'excellentes nouvelles des malades, déclarant que le repos de la nuit les avait presque entièrement remis de leurs blessures. Vive fut la joie de tous ; plus ardente devint leur prière, et plus certain se forma leur espoir de les trouver en un état satisfaisant.

En effet, quel ne fut pas leur étonnement de les voir debout, forts et dispos, ne conservant que de légères marques de meurtrissures. Les doux épanchements d'un amour sincère achevèrent de dissiper les dernières traces des perturbations morales occasionnées par un accident qui devait avoir des conséquences désastreuses.

Ces conséquences, hélas ! rejaillirent sur la digne grand' maman et sur la mère de notre sœur Marguerite. Toutes deux furent saisies, à la fois, par un refroidissement universel, présage certain de la fièvre intermittente, qui anéantit successivement tous les éléments des natures le plus vigoureusement constituées, et les plonge en un marasme de mélancolique débilité.

Triste fut le retour au manoir paternel. Plus sombres encore devinrent les jours, en ce lieu animé naguère par les charmes d'une mutuelle affection. Cette maison, jadis si allègre, prit un caractère de taciturnité poignante : plus d'expansions joyeuses, plus de chants harmonieux, plus de gais mouvements. Les échos de la montagne voisine ne résonnaient plus des accords mélodieux de l'orgue ou du piano : c'était un morne silence qui glaçait de douleur. Les uns veillaient au chevet des malades, tandis que les autres se morfondaient en de lamentables appréhensions.

Notre Sr Marguerite, en vraie sœur de charité, se multipliait auprès de tous, avec un dévouement sans bornes, une générosité sans limites. Elle était constamment sur pied, préparant les médicaments, suivant les ordonnances du médecin, allant du lit de sa grand'mère à ceux de sa mère et de son père, les exhortant tous à la patiente soumission à la volonté divine, qui abat ou relève, comme il lui plaît. A elle incombaient les soucis domestiques, l'ordre intérieur, la surveillance complète d'un personnel considérable, bien que son oncle le chanoine eût obtenu un congé et l'aidât autant qu'il le pouvait, en ces fatigues multiples.

« Heureuse suis-je, écrivait-elle, d'avoir ici mon bon oncle dont la confiance en Dieu est illimitée, et qui, par son courage viril, me rend inébranlable dans mes espérances. Oui, il me sert d'exemple. Et puis, chaque matin, ne célèbre-t-il pas la messe pour la guérison de mes chers infirmes ? Oh ! voilà la source des eaux vives qui fortifient mon âme dans les consolations, et la soutiennent contre les craintes et les faiblesses.

« Aujourd'hui, 19 novembre 1873, ô douce joie ! ô bonheur ineffable ! un peu après l'élévation, Jésus-Christ, sous l'aimable figure d'un bel enfant, s'est présenté à moi, souriant, les bras ouverts, debout sur la sainte hostie. « Tu souffres, m'a-t-il dit, tu souffres, eh bien ! sache-le, c'est que je t'aime et j'aime ta famille. Il n'y a que mes amis que je traite de la sorte. Ne rejette pas la croix, porte-la avec fermeté et résignation ; *par la croix on obtient la victoire* ! » Puis, ce divin Sauveur s'est avancé et m'a tendrement enlacée dans ses petits bras. O moments délicieux ! cela ne vaut-il pas un royaume ? Quel dédommagement avantageux ! »

Le jour même, la bonne-maman de notre chère Sr Marguerite s'affaiblit considérablement. Bientôt la parole lui manqua, et les derniers sacrements lui furent administrés par le respectable curé de la paroisse, car son fils, le chanoine, accablé de fatigue et de douleur, n'en eut pas la force. Sœur Marguerite, elle, ne faiblit pas sous l'écrasement de ses angoisses. Tandis que tous les assistants gémissaient et se lamentaient, elle tentait de résister à la mort, dont le spectre menaçant agitait la faulx meurtrière, inexorable. Quand les saintes onctions furent terminées, elle s'approcha résolument de sa bien-aimée grand' mère agonisante, dont la respiration imperceptible indiquait encore un reste de vie.

— Bonne-maman, lui dit-elle à l'oreille, recommandez-vous avec ferveur au doux Jésus, par l'entremise de saint Dominique. Voici quelques gouttes d'eau dans laquelle a trempé une feuille de l'oranger planté à Rome par ce bienheureux patriarche. (*) Je vais en humecter vos lèvres, tâchez de les absorber.

En effet, la moribonde ouvrit légèrement la bouche et avala le précieux liquide. A peine l'eut-elle senti dans sa poitrine dont les battements étaient presque éteints, qu'elle sourit, souleva ses paupières alourdies, en promenant autour d'elle des regards étonnés d'apercevoir tant de personnes agenouillées, des cierges allumés, et le chef spirituel du village revêtu du surplis et de l'étole.

— Où étais-je ? fit-elle d'une voix assurée.

— O bonne-maman ! lui répondit sa petite fille, en l'embrassant tendrement, vous étiez sur le seuil de l'éternité, prête à paraître devant Dieu qui, touché de nos supplications et de nos larmes, par l'entremise de mon bienheureux père St. Dominique, vous a rendue à notre affection. Dites avec nous : Vive saint Dominique !

(*) Plusieurs guérisons extraordinaires ont été opérées, dans tous les siècles, par les feuilles de cet oranger décrépit qui, à l'époque de la restauration des Frères-Prêcheurs en France, par l'intrépide Lacordaire, sembla rajeunir, en poussant une branche devenue vigoureuse.

— Vive St. Dominique ! répéta la malade avec reconnaissance. Le Seigneur me juge encore nécessaire en ce bas monde : qu'il soit fait selon son impénétrable volonté !

— Oui, ajouta Sr Marguerite, vous m'êtes nécessaire à moi, surtout, bonne-maman, qui ai fortement besoin de votre appui, de votre assistance.

La pieuse enfant disait vrai, nous le verrons plus tard.

Quelquefois, dans les familles, les plus jeunes sont ravis à la tendresse des plus anciens membres, dont ils auraient dû porter le deuil. Les vieux troncs des cèdres séculaires voient tomber, autour d'eux, leurs rejetons fragiles et délicats, brisés par le vent impétueux de la destruction. Que de Jérémies et de Rachels inconsolables de la perte prématurée de leur progéniture chérie !

La guérison de la grand' maman de sœur Marguerite fut si prompte et si positive que ceux qui en furent témoins ne pouvaient en croire leurs yeux. Aussi, au milieu d'une expansion de bonheur causée par ce prodigieux changement, le bon curé, suivi des assistants, se rendit à la chapelle où il entonna le *Te Deum* en action de grâces. La bonne-maman, soutenue par son fils, le chanoine, et par sa petite-fille, ne tarda pas à y participer elle-même, avec un entrain surprenant.

Cette hymne expressive de la gratitude retentissant dans les longues galeries voûtées, et se répercutant d'étage en étage, parvint jusqu'aux appartements du châtelain et de la châtelaine, alités, qui n'en comprenaient pas la cause. Les serviteurs et les servantes qui veillaient auprès d'eux s'apprêtaient à s'en enquérir lorsqu'apparut notre humble violette, toute épanouie de jubilation, venant annoncer à son père et à sa mère le miraculeux événement.

Quelle ne fut pas leur surprise ! Mais inexprimable devint leur allégresse lorsque la grand' maman se jeta dans leurs bras, en leur racontant comment elle avait été guérie soudainement, par l'inspiration pieuse du *cher ange,* comme on appelait Sʳ Marguerite.

Un bonheur en attire souvent un autre, comme aussi un malheur déroule, après lui, un enchaînement d'implacables misères.

L'ébranlement de cette agréable commotion produisit, chez les deux infirmes, un retour manifeste vers la santé. Notre petite tertiaire dominicaine, toujours pieusement industrieuse, voulut en hâter la consommation, à l'aide des roses bénies le jour de la solennité du saint Rosaire. Car, comme les feuilles de l'oranger de St. Dominique, ces fleurs, sanctifiées par une bénédiction spéciale, ont le privilége d'attirer les bienfaits du ciel. (*) Sr Marguerite en prit une qu'elle mit en décoction dans de l'eau pure. Cette infusion d'un genre inconnu à la médecine, réussit à merveille. Après l'avoir goûtée, les deux châtelains éprouvèrent un mieux très sensible dont ils remercièrent le Seigneur et sa sainte mère Marie.

Une fois de plus, le *cher ange* avait été l'instrument des miséricordes divines. Le Seigneur l'en avait prévenue par cette surprenante vision :

« Des séraphins, aujourd'hui 10 décembre 1873, se sont présentés à moi, pendant le saint sacrifice, portant des pains dans des serviettes rouges et blanches. C'est toujours la croix, m'a dit le petit gardien de mon cœur ; mais c'est aussi l'abondance des joies. Après le rouge, c'est à dire le sang versé par les larmes, viendra la jubilation, représentée par la blancheur du linge, qui regorgeait de pains vermeils entassés...

Le lendemain, ce fut encore plus beau.

« Aujourd'hui, 11 décembre, au moment de la consécration, quel n'a pas été mon étonnement de voir une colombe blanche se livrer à de joyeux ébats dans le calice.

(*) Voir l'excellent Manuel du très saint Rosaire, par le R. P. Pradel, de l'ordre des Frères-Prêcheurs, et le volume remarquable : « Le Rosaire unique remède aux maux de l'Eglise et de la société » par Sa Grandeur Mgr Thomas Michel Salzano, des Frères-Prêcheurs, archevêque d'Edesse, que nous avons traduit de l'italien et publié à la librairie St Dominique, rue St Sulpice, 6, Paris, septembre 1884.

J'ai craint, un moment, que le précieux sang soulevé et agité ne rebondît au dehors. La belle colombe plongeait, se relevait, secouant ses blanches ailes sur lesquelles je voyais le sang bouillonner. Au moment où le célébrant a remis la pale sur le calice, j'ai craint que le gracieux volatile ne fût étouffé; mais il a pris son vol et est demeuré suspendu à vingt centimètres du calice, immobile, et les yeux étincelants. J'avais grand' peine à maîtriser mon émotion. La colombe ne remuait pas de place. Enfin, après la sainte communion, elle s'est envolée au-dessus de la croix qui domine l'autel, où elle n'a pas cessé de planer et de battre doucement des ailes, au milieu d'une auréole de feu. A la fin de la messe, elle a disparu. O belle colombe ! que représentais-tu ?.. »

Elle lui représentait son âme se purifiant de plus en plus, au creuset de la souffrance et de l'amour divin. En voici la preuve :

« Je préparais les ornements dans la sacristie de notre chapelle où, désormais, la sainte messe se célèbre tous les jours, (*) lorsque j'ai senti la douce main de mon cher petit ange se poser sur mon épaule, tandis qu'un parfum odorant me révélait sa présence. Il m'a regardée et a souri de ce sourire enchan-

---

(*) Depuis quelque temps, le chanoine, oncle de Sr Marguerite, avait résigné son titre canonial pour venir habiter avec sa famille.

teur qui n'est particulier qu'aux habitants du ciel ; et j'ai lu sur sa physionomie ravissante l'expression d'une joie ineffable qui me présageait un bonheur prochain. Et il a disparu.

« Quand j'ai eu préparé les ornements, je me suis empressée d'entrer dans la chapelle ; et j'ai cru pénétrer dans la céleste Sion. Une lumineuse clarté resplendissait comme l'éclat d'un soleil radieux. Oh ! que c'était beau ! que c'était beau !

« La statue de la très sainte Vierge, qui est au fond de l'abside, était devenue animée, et le petit Jésus également. Je le voyais, cherchant à se dérober aux étreintes de sa tendre mère, et voulant se précipiter vers l'autel. Des anges nombreux voltigeaient tout autour, comme dans un océan d'or. Et le petit Jésus, se détachant enfin des bras de sa mère, est descendu sur le tabernacle qui s'est entr'ouvert, et d'où se sont élancées des flammes blanchâtres, comme du cratère d'un volcan en ébullition. Le divin enfant semblait goûter une indicible allégresse au sein de ce feu si ardent ; je le voyais tressaillir de bonheur, en agitant ses pieds mignons et ses mains délicates.

« Marie s'est penchée alors vers ce brasier incandescent ; elle ouvrait ses lèvres, comme pour aspirer cette chaleur bienfaisante.

« Tout à coup, le doux Jésus a disparu dans le tabernacle ; mais les flammes continuaient à s'élever, et la très sainte Vierge en était enveloppée. Ainsi en a-t-il été jusqu'au monent de la consécration. Alors, la porte du tabernacle s'est entrebaillée lentement, et le divin prisonnier, toujours souriant, s'est avancé vers l'hostie que mon oncle tenait dans ses doigts. Peu à peu, à mesure qu'il prononçait les paroles solennelles, il s'infusait dans l'hostie, où il a de nouveau disparu.

« Ah ! quelle vive émotion j'ai ressentie à ce spectacle ! J'en suis encore toute tremblante. Sans le secours de mon chérubin, je me serais évanouie.

« A l'approche de la communion, surtout, mon appréhension a redoublé. O moi ! malheureuse, si indigne, aurais-je le courage de recevoir ce bien-aimé Sauveur dans mon âme coupable ? Pourrais-je le jeter dans cet amas impur de péchés accumulés par ma trop grande faute ?.. Hélas ! *Seigneur, je ne suis pas digne que vous entriez en moi, mais, prononcez seulement un mot, et mon âme sera assainie.* Oui, vous l'avez dite, cette parole fortifiante : je l'ai entendue lorsque, penchée vers vous, j'ai battu trois fois ma poitrine, avec de vrais sentiments de componction et de repentir...

« Quels charbons brûlants ont touché ma pauvre âme ! Oh ! restez, restez, mon Dieu, pour toujours, pour toujours là-dedans. Ne me quittez plus, car *je sens que le soir de ma vie commence*. MANE NOBISCUM DOMINE, QUONIAM ADVESPERASCIT, vous répèterai-je instamment avec les deux disciples d'Emmaüs, vous reconnaissant à la fraction du pain, pour leur Sauveur et leur Maître. Oui, mon Dieu, les ténèbres se condensent dans cet intérieur, dès qu'il est privé de votre présence lumineuse et sanctifiante. »

En vérité, voilà des transports d'amour divin qui dénotent l'ardeur de cette jeune fille pure, se sentant déjà sur *le déclin de son existence*. Et pourtant, elle n'a pas encore atteint sa vingtième année ! C'est le désir de la dissolution de sa personnalité terrestre qui lui fait souhaiter de s'unir à son bien-aimé Jésus, à l'exemple du grand apôtre s'exclamant : *Cupio dissolvi et esse cum Christo*. (Philip. I, 23).

A mesure qu'elle avançait vers le terme de ses jours dont elle entrevoyait clairement la trame, Sr Marguerite profitait de tous les moyens offerts à sa piété, pour franchir avec plus d'assurance le seuil de l'éternité, et se présenter avec sérénité aux pieds du souverain Juge.

Un Frère-Prêcheur étant venu visiter son oncle, parla de la Milice angélique et des faveurs spirituelles attachées à cette dévotion essentiellement dominicaine.

Une circonstance célèbre dans la vie de St. Thomas d'Aquin, raconta-t-il, a donné naissance à cette confrérie.

Issu de l'ancienne et illustre maison des comtes de Somacle et d'Aquin, Thomas, qui devait être l'ange de l'école et la lumière de l'Eglise, renonçait, à seize ans, au brillant avenir qui l'attendait dans le monde. pour s'ensevelir dans le cloître, sous l'humble froc des Frères-Prêcheurs. A cette nouvelle, sa famille consternée résolut de mettre tout en œuvre pour s'opposer à l'accomplissement de son généreux dessein. Thomas s'enfuit à Rome et, de là, à Paris. Mais, surpris en route par son frère, qui le poursuivait à la tête d'une troupe d'hommes armés, il fut ramené captif au château de ses ancêtres et enfermé dans une étroite prison.

Rien ne pouvant ébranler sa constance, ses parents recoururent à un stratagème infernal. Une courtisane fut introduite dans la chambre où Thomas était enfermé. La lutte fut courte et décidée pour tourner à la gloire de l'athlète du Christ. Hors d'état de prendre le parti conseillé, en pareil cas, par la sagesse évangélique, en présence d'un ennemi aussi dangereux qu'inévitable, il adopte un autre genre de combat, il se crée de nouvelles armes. Elevant un regard au ciel et prenant un tison enflammé, il repousse et poursuit l'infortunée qui s'était faite l'instrument des projets de ses frères. Puis, avec le même tison, gage de sa victoire, il trace une croix sur le mur dénudé de sa prison, tombe à genoux, renvoie à Dieu l'honneur de son triomphe et renouvelle le vœu de sa consécration au Seigneur.

Or, pendant qu'il priait, un doux sommeil s'empara de lui, semblable, a dit un pieux auteur, à celui du premier homme dans le Paradis terrestre. Tous les anciens historiens racontent de concert que les anges le visitèrent dans cette extase de la virginité, et qu'après l'avoir félicité d'une victoire qui donnait un guerrier de plus à leurs phalanges immaculées, ils ceignirent ses reins de la ceinture des divins combats, en lui disant : « Nous venons à toi, de la part de Dieu, te conférer le don de la virginité perpétuelle, dont il t'accorde, dès ce moment, la grâce irrévocable. »

Mais Thomas ne fut pas armé chevalier du ciel et de la pureté sans un vif sentiment de douleur qui le rappela tout à coup à la vie extérieure. Au gémissement involontaire qu'il fit entendre, en se réveillant, ses gardes accoururent. Il les renvoya sans révéler à ces hommes grossiers les faveurs singulières qu'il venait de recevoir. Son humilité profonde les tint cachées dans tout le cours de sa vie. Ce ne fut qu'à l'approche de sa mort qu'il en révéla les secrets au père Renaud, son confesseur, et le dernier comme le plus intime de ses amis. Il avoua jusqu'au bout les miséricordes du Seigneur, en lui déclarant que, depuis le jour de la lutte et du triomphe, le céleste cordon l'avait mis à l'abri de ces tentations si humiliantes pour le chrétien, de ces soufflets injurieux de l'ange de Satan, que le grand apôtre éprouvait toujours, malgré la sublimité de ses révélations et l'immensité de ses travaux.

Le cordon miraculeux que Thomas avait reçu des anges, et qu'il porta jusqu'à la fin de sa vie, fut donné au couvent des Dominicains de Verceil, en Piémont, par Jean de Verceil, sixième général de l'ordre. (*) Sur ce modèle furent faits, bientôt après, d'autres cordons semblables, consacrés par la mémoire de St. Thomas d'Aquin et par les bénédictions de l'Eglise. Ils devinrent la marque distinctive et comme l'arme puissante d'une nouvelle association religieuse, nommée la *Milice angélique*, dont le but était de conserver le trésor de la pureté, ou de le reconquérir après l'avoir perdu. Les rois et les reines se firent gloire de porter

---

(*) Cette précieuse relique est aujourd'hui, 1884, au couvent des Dominicains de Chieri.

le cordon de saint Thomas et de la sainte Vierge. (*)

Sr Marguerite, après avoir entendu ce récit, sollicita vivement du religieux visiteur la grâce d'être ceinte de ce simple cordon de fil blanc, ayant quinze nœuds distincts ; et, sur le champ, formula la prière suivante qui favorise d'une indulgence plénière, une fois par mois, celui qui la récite tous les jours :

« Très chaste St. Thomas, choisi comme un lis d'innocence, vous qui avez toujours conservé sans tâche la robe baptismale ; vous qui, ceint par deux anges, avez été un véritable ange dans la chair, je vous prie de me recommander à Jésus, l'agneau immaculé et à Marie, la reine des vierges, afin que, moi aussi, portant autour de mes reins votre saint cordon, je reçoive le même don que vous et, vous imitant ainsi sur la terre, je sois un jour couronné parmi les anges, avec vous, ô grand protecteur de mon innocence.»

Et comme si Dieu avait voulu mettre à l'épreuve la fidélité de sa servante, le jour même, une nouvelle tentative lui fut faite pour qu'elle se décidât à contracter une alliance encore plus distinguée et infiniment

---

(*) «Vie de saint Thomas d'Aquin » par l'abbé Bareille, chapitre 8.

plus élevée que toutes celles dont on l'avait entretenue jusque-là : c'était un jeune prince qui, accompagné de sa mère, venait en personne solliciter sa main. Sœur Marguerite refusa obstinément.

— Eh ! comment ! répondit-elle à son oncle, chargé de lui adresser cette communication, mon mariage est accompli depuis longtemps. Mon époux, supérieur à tous les époux de la terre, est Jésus-Christ. Malheur à moi si, devenant infidèle, je rompais les liens qui m'unissent à lui ! Non, non, jamais ! Songez, mon oncle, ajoutait-elle, comme inspirée d'en haut, songez *que mon pèlerinage ici-bas s'achèvera bientôt.*

— Eh ! bien, répliquait le bon chanoine, ma chère nièce, restez fidèle ; mais ne pensez pas à nous quitter sitôt. Vous avez une longue carrière à parcourir encore, afin d'opérer beaucoup de bien.

L'affirmation ne devait pas se réaliser. Mais, ce qui s'accomplissait réellement, c'étaient les œuvres saintes et charitables, de la part de notre angélique tertiaire, et toujours dans le silence et l'obscurité. La petite violette répandait cà et là le parfum de ses vertus, humblement dissimulée à l'ombre de la modestie.

On a parlé de ma dot, et comme elle est inutile, se dit elle, puisque je veux être ensevelie dans le noble linceul de la pureté, pourquoi ne demanderais-je pas à mes parents de la placer à gros intérêts pour l'éternité, au grand profit de mon salut ? Après avoir sérieusement examiné ce qui serait le plus avantageux aux habitants du village, elle découvrit deux fondations importantes : une salle d'asile pour les enfants et un hospice pour les vieillards des deux sexes, manquant des ressources suffisantes à leur entretien. En effet, le pays de sœur Marguerite est essentiellement agricole. Les hommes et les femmes s'entr'aident dans la culture de la terre, chacun suivant leurs forces. Dès lors, que deviennent les enfants pendant la majeure partie de la journée, jusqu'à l'âge où ils sont admis à l'école communale ? Les uns les laissent à la garde de quelque bonne vieille moyennant une faible rétribution ; et les autres les portent avec eux aux champs où, sous leurs yeux, ils reposent sur l'herbe et s'amusent ensuite. De là que d'ennuis, que de soucis pour les mères ! Mais aussi aucun soin, point de première instruction pour les enfants.

Cette terre, quelque féconde et rémunératrice qu'elle soit, fournit à peine à la sustentation des individus et des familles. Rarement le cultivateur chargé d'une nombreuse progéniture, obligé de la nourrir et de l'habiller parvient à épargner, pour ses vieux jours, un capital quelconque. Ira-t-il mendier de porte en porte ? Ah ! les années et le travail le réduisent souvent à une inertie douloureuse. Pourquoi ne pas créer à ces invalides du labeur des établissements charitables où les femmes également pauvres et âgées soient hébergées comme eux, jusqu'à leur dernière heure ?

C'est pour remédier à ces deux graves inconvénients de notre société moderne, car avant nos désastres de 1793, la charité y avait pourvu, que notre généreuse sœur Marguerite résolut d'affecter une part de l'héritage paternel. Elle n'hésita pas à confier ses résolutions au cœur compatissant de sa grand-mère bien-aimée. Comme toujours, elle fut applaudie et appuyée. Dès lors, elle les soumit, avec simplicité, à son père qui, l'ayant tendrement serrée dans ses bras, lui répondit : ma chère fille, je suis heureux de souscrire à tes pieux desseins, nous fonderons les deux œuvres que tu as méditées, nous les doterons comme il sera nécessaire. Ton oncle le chanoine s'entend à faire les plans de ce genre de maisons, puisqu'il en a construit plusieurs : il présidera aux travaux et sera ton architecte. Ainsi fut-il fait. C'était en janvier 1874.

« Quelles bonnes étrennes Dieu m'a fait donner pour *mon jour de l'an* ! voilà mes vœux exaucés. Les petits enfants ne seront plus exposés à toutes les intempéries des saisons, et dès leur bas âge apprendront à connaître Dieu, à l'aimer et à le servir. Les pauvres vieillards, hommes et femmes, ne pouvant plus travailler, trouveront une habitation, une nourriture saine, et passeront leurs derniers jours uniquement occupés à paraître devant le souverain juge. »

La pose de la première pierre des deux édifices eut lieu, avec une grande solennité, le jour de l'Epiphanie. Toute la paroisse y assistait. La fondatrice écrit à cette occasion des pages merveilleuses de lyrisme chrétien éminemment sublimes.

« O roi des nations, pierre angulaire de l'univers des âmes, vous étiez là, au milieu de ce peuple qui vous invoquait. . . . Que de sollicitude pour appeler les bénédictions du ciel sur ce bloc inanimé dont la solide structure est le présage du bonheur ! Pourquoi cet empressement ? pourquoi ces soins ? Ah ! c'est que cette pierre est la base de tout le bâtiment ; toutes les parties de l'édifice convergent vers elle comme vers leur centre et semblent lui demander leur force et leur stabilité... Seigneur, s'écriait Isaïe, l'édifice social est ébranlé. Semblable à une antique masure battue des vents, il s'écroule pièce à pièce. Les humains, par leurs égarements, s'industrient à ruiner leur propre habitation, l'habitation de leur cœur, façonnée de vos mains augustes. — *Ne crains pas*, répondait le Dieu tout-puissant, *voilà que j'enverrai dans les fondements de Sion une pierre, mais une pierre éprouvée, angulaire, précieuse, placée sous les fondations.* (Isaïe, XXVIII, 10. Psaume CXVII, 22.)

« Jésus-Christ est la pierre fondamentale de l'Eglise qui porte tous les élus et leur donne une force inébranlable. Dans l'Eglise, chacun se soutient mutuellement. St. Paul nous l'enjoint : *Portez les fardeaux de l'un et de l'autre, ainsi vous accomplirez la loi de Jésus-Christ.* (Galates). Mais le Verbe incarné les porte tous et n'a pas besoin de leur appui. C'est la pierre fondamentale qui les soutient, sans laquelle aucun ne pourrait subsister. Il est le fondement de notre foi. Tous les yeux des fidèles, des docteurs, des saints et des anges même, figurés par le nombre septénaire, nombre d'universalité, y sont attachés et, sans lui, ils seraient aveugles, écrit St. Jean, dans sa vision apocalyptique : *Sept yeux sont fixés sur une seule pierre.*

« Jésus-Christ est aussi le fondement de notre espérance. Or l'espérance, étoile radieuse, ne nous trompe point et ne nous laisse pas dans la confusion, parce que l'amour de Dieu a été répandu dans nos cœurs par le Saint Esprit. C'est pourquoi nous devons nous écrier avec le saint abbé de Clairvaux: Je suis debout sur la pierre, je demeure fer_ me sur la pierre, je ne crains pas l'ennemi, je n'ai point peur de tomber, parce que je suis élevé de terre. Car tout ce qui est terrestre est incertain et caduc ; mais notre conversation est dans le ciel. Nous ne craindrons plus ni de tomber, ni d'être abattus. Le monde frémit, le corps m'accable par sa pesanteur, le démon me dresse des embûches ; mais je ne tombe pas pour cela, parce que je suis assis sur la pierre angulaire.

« Jésus-Christ est également le fondement de notre charité. Voyez les apôtres, ils s'élancent à la conquête de l'univers, en se le partageant. Quelle folie !.. Supposez qu'un de ces zélés disciples eût rencontré un sage de la Grèce sur son chemin, lisons-nous dans les méditations du grand évêque d'Hippone, Où allez-vous ? pourquoi ces habits si pauvres ? où sont vos armes ? vous êtes seul ?.. On vous attaquera, comment vous défendrez-vous ?.. Vous serez conduit en prison, vous subirez les plus cruelles tortures, vos plans seront renversés.... — Non, non ! aurait répondu le disciple de Jésus-Christ ; *je puis tout en celui qui me fortifie.* Mes projets sont bâtis solidement sur une pierre forte, contre laquelle toutes les haines, toutes les jalousies, toutes les malédictions viendront se briser... Ah ! puissé-je, moi, faible enfant, construire le monument de ma charité sur ce fondement inattaquable. »

Entendez ensuite ces exclamations pénétrantes, dont le cœur est involontairement ému :

« O Jérusalem bienheureuse, ô beau ciel temple de la paix et de la gloire, couronnée par les anges, comme la fiancée conduite à son époux. Tes murs sont formés de l'or le plus pur, et tes portes brillent d'un éclat resplendissant. Mais, je le sais, personne n'y pénètre que par la valeur de ses mérites. Celui-là seul qui se sera laissé tailler par les souffrances et polir par la douleur, celui-là seul sera choisi par le suprême édificateur Jésus-Christ. Quand le merveilleux temple bâti par Salomon à la gloire du roi des rois fut achevé, le Seigneur lui apparut, nous raconte l'Ecriture sainte, et il lui dit : *Si tu observes tous mes commandements, en suivant mes ordres, je confirmerai mes promesses : j'habiterai au milieu des fils d'Israël, et je n'abandonnerai pas mon peuple.* »

Cependant, les deux édifices de la salle d'asile et de l'hospice furent terminés vers la fin du mois d'avril. La fondatrice voulut qu'ils s'ouvrissent le jour de la fête de sainte Catherine de Sienne, le 30 du même mois. Elle en confia la direction aux bonnes religieuses de St. Joseph qui, depuis longtemps, tenaient les écoles communales, avec un grand dévouement.

Pendant quelques heures de la journée, elle se plaisait à assister aux évolutions des petits enfants, et à visiter les vieillards, qu'elle réjouissait par des saillies spirituelles, en distribuant aux uns et aux autres des bonbons et des friandises. Maintenant, répétait-elle, je puis entonner mon *Nunc dimittis* et mourir en paix.

Au milieu de toutes ces préoccupations, elle n'oubliait pas une infortunée recluse, pour laquelle son cœur dévoué avait une prédilection particulière qui ne se démentait jamais, depuis deux ans : c'était la femme du berger du château, dont une humeur cancéreuse avait, peu à peu, ravagé le visage. Ce visage n'était plus une face humaine mais une plaie difforme, un mélange sanguinolent de chair corrompue, sans nez et sans lèvres, exhalant l'odeur pestilentielle dn cadavre en putréfaction. Personne n'avait le courage et la force de l'aborder et de la voir. Notre violette seule, animée par son innocence et la charité divine, s'était aguerrie contre les appréhensions de sa nature délicate. Elle ne redoutait plus ce contact impur de la dissolution cadavéreuse. Avec une douceur inébranlable, ses chastes mains lavaient lentement cette masse purulente, sans craindre et sans pâlir. Et chaque jour, c'était le même mérite. Quel héroïsme ! Les anges du ciel s'inclinaient, sans doute, en présence d'une abnégation aussi profonde, en brûlant, sur les marches du trône de Dieu, dans leurs encensoirs d'or, les grains de l'encens de l'amour poussé à ses dernières limites.

Au mois de mai la malheureuse infirme fut délivrée de ses longues tortures ; et comme le Lazare aux cicatrices béantes, saint Michel la transporta sans doute au sein d'Abraham. Là, elle n'oublia pas sa vertueuse bienfaitrice qui lui avait répété, à diverses reprises, alors que l'incurable infortunée, confuse de ses soins, ne savait comment lui témoigner sa gratitude : *Quand vous aurez le bonheur d'être auprès de Dieu, suppliez-le de m'appeler promptement à lui, je ne désire pas d'autre récompense.*

Admirable réponse qui rappelle l'exclamation du grand saint Thomas à notre Seigneur Jésus-Christ lui demandant ce qu'il souhaitait en retour des pages sublimes écrites sur sa divinité et son humanité saintes : Eh ! tendre maître : *je ne souhaite pas d'autre récompense que vous-même.* (Office de St. Thomas.)

CHAPITRE SIXIÈME

Premiers symptômes de maladie mortelle. Ravissante vision, le 4 juin, fête du très saint Sacrement. Sr Marguerite croit y voir, sous des emblèmes symboliques, le triomphe de l'Eglise par le St Sacrement et la Ste Vierge. Marie lui indique le jour de sa mort, en lui promettant son assistance. Gagnée par ces pressentiments, Sr Marguerite confie ses dernières volontés à son oncle le chanoine ; elle se réserve de nous envoyer ses manuscrits. Un érysipèle phlegmoneux la saisit au bras droit. Le docteur reconnait qu'elle a été victime de sa charité envers la femme du berger, en s'inoculant le virus cancéreux. Désolation universelle ; Sœur Marguerite prononce des paroles sublimes. Elle s'alite et demande les derniers sacrements. Touchante cérémonie du Viatique et de l'extrême-onction ; sa présence d'esprit. Sa mort bienheureuse, le 2 juillet, jour de la Visitation.

Le lendemain des obsèques de cette pauvre femme dont les soins étaient, pour son cœur charitable, un exercice presque indispensable à son existence, Sr Marguerite fut prise d'une mélancolique tristesse. La nature humaine est ainsi faite : elle s'attache, surtout quand la piété la guide, à des êtres difformes ou atteints de quelque grave infirmité, avec une affection incompréhensible. Il n'est donc pas surprenant de voir notre chère petite sœur dans l'affliction : un point d'appui manquait à sa vive charité. De plus, un malaise inexplicable la tourmentait dans tous ses membres, et elle ne pouvait pas le dissimuler. A sa famille inquiète, elle répondait avec franchise : c'est vrai, je me sens affaiblie, et comme paralysée dans mes mouvements ; mais c'est probablement par suite des émotions que j'ai ressenties en assistant aux derniers moments de la femme du berger. Soyez tous sans crainte ; cette petite indisposition disparaîtra peu à peu, j'en ai la ferme confiance. Cependant, ajoutait-elle, *si le Seigneur m'appelait à lui*, je ne veux pas que vous vous désoliez outre mesure.

Le 4 juin, fête du très saint Sacrement, Dieu, pour soutenir ses espérances, la favorisa d'une vision vraiment béatifique.

« Un peu avant la consécration, consigna-t-elle dans son album, j'avais les yeux fixés sur l'autel. Au moment où le célébrant étendait les mains sur le calice, j'aperçus un nuage d'abord blanchâtre, puis soudain doré, envelopper le tabernacle. Des anges d'une beauté ravissante se balançaient avec grâce, les mains jointes et la tête inclinée. Bientôt ils restèrent immobiles.

« Alors, une colonne de feu s'élança du fond de la pierre sacrée et monta en spirales flamboyantes jusqu'à la voûte de la chapelle.

« Un bel enfant..... oh ! comment le peindre !... se montra tout de suite après, debout, les yeux étincelants, le sourire sur ses lèvres roses, et les bras enlacés autour du cou de mon oncle...

« En ce moment, une harmonie saisissante se fit entendre, tandis qu'un parfum suave embaumait l'enceinte sacrée.

« Alors cet aimable enfant disparut.

« Troublée de cette disparition, je me demandais : pourquoi Jésus-Christ s'est-il, si tôt, soustrait à mes regards ? Ah ! certainement, je ne suis pas digne de le contempler aussi réellement.

« Cependant, la symphonie harmonieuse continuait, et je savourais toujours la même odeur parfumée.

« Que vois-je ?.. Au fond de la petite abside de la chapelle, se développait un vaste appartement, magnifiquement décoré de tentures en drap d'argent moiré. Des lampes nombreuses et riches, portant des milliers de cierges allumés, étaient suspendues à la voûte et projetaient une clarté merveilleuse sur les dalles qui ressemblaient à du cristal.

« Sur un trône élevé, était assis, la tiare en tête, le souverain pontife, Pie IX, revêtu d'une chape immense, en velours cramoisi. Sa poitrine était ouverte et formait une niche vivante au beau petit enfant que j'avais aperçu sur l'autel.

« Autour du pape, se tenaient, debout, un grand nombre de cardinaux en robes rouges, des évêques en soutanes violettes, des prêtres, tous regardant alternativement le divin enfant, qui souriait toujours, et un personnage de haute stature, à la noble figure, vêtu d'un ample manteau bleu de ciel, qui était à la droite du Pasteur suprême et qui tenait une oriflamme blanche, où je lus ces mots :

HOC SIGNO VINCES (*Tu vaincras par ce signe*) surmontés d'une croix rose.

« Soudain les lumières ont vacillé, comme agitées par un vent impétueux. Les lustres auxquels elles étaient fixées se sont remués en se heurtant les uns contre les autres. Bientôt ce fut un fracas épouvantable, pareil à celui d'une maison qui se disloque et s'écroule en ruines.

« A l'éblouissante clarté dont resplendissait la vaste salle, succédèrent des ténèbres profondes.

« Cependant, à l'endroit où j'avais vu le trône du souverain pontife, une clarté rougeâtre scintillait vive, comme une des plus belles planètes du firmament, et je lisais au-dessus :

CHRISTUM REGEM
DOMINANTEM GENTIBUS
ADOREMUS

(Adorons le Christ roi, dominant les nations)

« Il me sembla que des voix célestes chantaient ces paroles, sur une mélodie ravissante que j'aurais voulu noter. C'était délicieux.

« Bientôt la clarté devint plus intense, et au haut de ces paroles, se dessina une vierge immaculée, lumineuse et transparente. J'entrevoyais ses yeux se tournant à droite et à gauche, ensuite ses bras étendus, en signe de protection. Son diadème était formé par des lettres majuscules de feu, qui composaient ces trois lignes :

ECCE MATER TUA
(voila ta mère)
VINCES
(tu triompheras)
IN DIE VISITATIONIS
(au jour de la visitation)

« Quel est ce mystère ? ou mieux quels sont tous ces mystères se succédant rapidement en un symbolisme emblématique ?

« Le Seigneur a-t-il voulu, par là, me montrer que par la force du très saint sacrement unie à la protection de la très sainte Vierge, l'Eglise triomphera de ses ennemis, sous l'étendard de l'archange saint Michel vainqueur de Satan, représenté par le personnage à la noble figure ? »

« Que signifie en dernier lieu, cette date si précise : *au jour de la visitation ?*

« O bonheur ! si c'était là le jour de ma délivrance ! »

Quelle exclamation sublime ! Persuadée que ses pressentiments ne la trompaient pas, notre pieuse tertiaire les communiqua à son oncle vénéré, en lui racontant cette merveilleuse extase. Je veux, lui dit-elle, vous confier mes dernières volontés et vous prier d'en exécuter une partie. Mon grand désir est d'être ensevelie revêtue de la robe blanche dominicaine avec la ceinture, le rosaire, le voile blanc et le manteau noir. Vous mettrez entre mes mains le crucifix que je porte toujours sur la poitrine. Je vous demande en grâce de réciter, à haute voix, le *Salve regina*, lorsque vous me verrez sur le point de trépasser. Car on m'a dit que nos pères et nos sœurs avaient la pieuse coutume de chanter cette belle antienne, au moment suprême de l'agonie de l'un d'entre eux. Après avoir mis de l'ordre dans mes manuscrits, je les enverrai à celui que nous regardons tous comme un sincère ami ... (*)

(*) Le lecteur comprendra que j'ai du supprimer un paragraphe trop laudatif qui m'est personnel. La lettre d'envoi des précieux autographes citée comme introduction de cette brochure, suffit, et au delà, pour l'intelligence de cette suppression.

Et ne voulant pas attrister papa, ajouta t-elle, je vous charge de faire remettre six mille francs à ma bonne qui, depuis le jour de ma naissance, m'a servi avec tant de dévouement et de fidélité. Gardez pour vous ma petite levrette si douce et si caressante … Enfin, ô mon cher oncle, promettez-moi de célébrer le saint sacrifice pour le repos de mon âme pendant quarante jours de suite. Maintenant, me voilà contente, le cœur heureux de vous avoir exprimé mes dispositions testamentaires, parce que je sais que vous les exécuterez par amour pour votre petite nièce.

Au commencement de cette attendrissante communication, le respectable chanoine avait vainement essayé d'en arrêter le cours. Ensuite, se raidissant avec fermeté, contre l'émotion qui le gagnait, il s'évertua à comprimer les angoisses et les palpitations de son cœur. Mais, à la fin, ne pouvant plus résister à leur violence, il éclata en sanglots et d'une voix altérée, il eut à peine la force de prononcer une promesse formelle. Sa prudence garda intact le dépôt des confidences qui lui avaient été faites ; attendant, avec une craintive appréhension, le dénoûment annoncé. Il savait la pénétration spirituelle de sa nièce bien-aimée, dans les arcanes divins.

Cette attente ne fut pas de longue durée. La prostration de la jeune fille s'accrut en quelques jours, d'une façon inquiétante. Un erysipèle phlegmoneux se manifesta au bras droit, et rendit fort soucieux le docteur immédiatement appelé. C'était un vieillard très expérimenté dont la science égalait une aménité rare. Il ne dissimula pas à la noble famille, l'état grave de sœur Marguerite. Elle est, affirma-t-il, victime de sa charité envers la femme du berger. Probablement, en lui lavant les plaies saignantes, elle s'est inoculé le virus cancéreux, par quelque égratignure à la peau.

Malgré des applications émollientes, des mouchetures, des compressions, une saignée générale, l'inflammation gangréneuse se développa rapidement par tout le corps. Tout espoir de guérison s'évanouit.

Tandis que la désolation envahissait tous les cœurs, notre sainte enfant conservait un calme sublime. Bien plus, une douce allégresse se peignait sur son visage faiblement boursouflé. Toujours aimable, toujours souriante, elle acceptait avec une résignation profonde les épreuves d'une maladie si douloureuse. — Oh ! répétait-elle à ses parents effrayés, ne vous lamentez pas sur mon sort. Nous devons nous incliner sous le bon vouloir du Seigneur. Ne faut-il pas nous séparer ici-bas ? Je suis la plus jeune de la famille, et peut-être le souverain maître de la vie m'a choisie, moi qui le mérite si peu, pour jouir la première, en son paradis, de sa présence divine.

Sentant les ravages du mal devenir plus intenses et plus aigus, Sʳ Marguerite demanda le secours des derniers sacrements.

« Je ne veux pas attendre, observa-t-elle, de ne plus pouvoir en apprécier le bienfait salutaire et fortifiant. »

Ses vœux furent immédiatement satisfaits. Le vénérable curé de la paroisse s'empressa de lui apporter le pain des anges, escorté par tous les habitants, profondément émus et recueillis. A la tête du cortége sacré, que l'on aurait pris pour une procession générale, marchaient les enfants de la salle d'asile et les vieillards de l'hospice fondés et dotés par la généreuse tertiaire. Tous ne purent pénétrer jusque dans la chambre de la malade, déjà envahie par les maîtres et les serviteurs du château, respectueusement agenouillés et portant tous des flambeaux allumés.

Solennelle et saisissante est l'entrée de notre Seigneur Jésus-Christ caché sous les saintes espèces de l'Eucharistie, dans un appartement à demi obscur où, sur la couche de l'agonie, repose un moribond pieux. Haletant et affaissé, il salue son divin Maître comme le consolateur suprême qui lui apporte force et courage, à l'approche de la lutte finale.

« Me voici, lui dit ce doux Rédempteur, par la voix de son ministre, je viens pour vous réconforter et pour vous prémunir contre les attaques désespérées de l'ennemi du genre humain. Ne craignez rien, je suis la paix, la vérité et la vie.

« La vie semble vous abandonner, mais, au contraire, elle va s'ouvrir pour vous sans plus de douleur et d'alarmes, et pour toujours.

« Jusqu'à présent, vous avez contemplé la vérité à travers un prisme énigmatique ; désormais, plus de nuages, vos yeux la verront dans tout son éclat et dans sa splendeur indélébile.

« A travers les ronces et les épines d'inquiétudes aiguës, votre cœur a été lacéré, tourmenté, mis en pièces. Bientôt, comme un baume suave, la quiétude la plus profonde et la plus parfaite vous envahira de toutes parts, et vous la savourerez à longs traits, pendant toute l'éternité. »

Comme gage de ces promesses si consolantes, le prêtre, prenant une branche d'hysope imbibée d'eau bénite, aspergea tout autour de lui, en disant : *Que la paix descende en cette maison et en tous ceux qui l'habitent. Purifiez-nous, Seigneur, par l'hysope, afin que nous devenions blancs comme la neige.*

« Notre secours est dans le nom du Seigneur . . .

« Qui a fait le ciel et la terre » répondaient les assistants.

— « Seigneur, exaucez ma prière !

— « Que nos cris s'élèvent jusqu'à vous.

— « Le Seigneur soit avec vous !

— « Et avec votre esprit.

— « Prions. Ecoutez-nous, Seigneur saint, Père tout-puissant, Dieu éternel, et daignez envoyer voire saint ange du haut des cieux, afin qu'il garde, qu'il conserve, qu'il protége, qu'il visite et qu'il défende tous les habitants de cette maison. Par Jésus-Christ, notre Seigneur.

— « Ainsi soit-il ! »

— « Prions encore. O seigneur Dieu, qui avez dit, par votre apôtre St. Jacques : si quelqu'un est infirme, qu'il appelle les ministres de l'Eglise pour qu'ils prient pour lui en l'oignant de l'huile sainte ; et la prière de la Foi le sauvera et le soulagera ; ses péchés lui seront remis. Ayez soin, nous vous en supplions, ô notre Rédempteur, par la grâce du Saint-Esprit, guérissez les plaies de cet infirme, remettez-lui ses péchés, délivrez-le de toute douleur du corps et de l'esprit ; rendez-lui pleinement la santé à l'intérieur et à l'extérieur, par votre miséricorde, afin que, rétabli par votre secours, il repousse ses anciennes œuvres. »

St Marguerite suivait ces belles invocations qu'elle savait par cœur, car le viatique n'était pas porté dans la paroisse sans qu'elle se fît un devoir de l'accompagner. Elle répondit aussi à toutes les prières des onctions avec une présence d'esprit étonnante, Sa voix claire et forte déjouait les appréhensions funestes, en provoquant un secret espoir de guérison.

« Voici l'agneau de Dieu, lui dit le pasteur de son âme, voici celui qui porte les péchés du monde qui vient vous visiter, vous, ma chère enfant, qui l'avez si souvent visité dans sa prison volontaire, au sacré tabernacle de nos autels. Vous vous plaisiez à vous prosterner en sa sainte présence, pour l'adorer avec une religieuse piété. Il tient à vous récompenser aujourd'hui de toutes les marques de respect et d'amour que vous lui avez données, en vous apportant, avec son corps, son sang, son âme et sa divinité, la force, la patience, la résignation et l'espérance. Oh ! nous lui demandons tous, avec ferveur, ma chère enfant, qu'il vous soutienne et vous comble de ses divines grâces et de ses faveurs les plus abondantes. C'est le pain de vie, c'est le remède à tous les maux, c'est le viatique substantiel. Il vous préservera contre les attaques de l'esprit malin et vous conduira au séjour de l'immortalité. »

. . . .

Un instant après avoir reçu la sainte Eucharistie, Sr Marguerite prononça distinctement, par trois fois, cette oraison jaculatoire : « O Jésus, ayez pitié de moi ! » et croisant les bras sur sa poitrine, elle exhala le dernier soupir.

C'était le 2 juillet 1874, fête de la Visitation de la sainte Vierge.

Comme une commotion électrique, la triste vérité se communiqua dans les rangs pressés de la foule, d'où partit ce cri spontané : *notre ange* nous a quittés ; il a pris son essor vers les resplendissantes demeures de la béatitude infinie.

La violette du jardin de St. Dominique, à peine épanouie dans sa corolle virginale, cueillie par la main du Seigneur, avait été réunie aux lys, aux marguerites et aux roses qui embaument le glorieux Eden des parvis éternels.

ÉPILOGUE

Funérailles de Sr Marguerite. Son tombeau, sur lequel meurt sa levrette, constamment visité. Plusieurs graces lui sont attribuées.

Revêtue de la robe blanche, du voile blanc et du manteau noir dominicains, avec la ceinture de cuir à laquelle était attaché le rosaire de Marie immaculée, la jeune tertiaire tenant entre ses doigts l'image de notre doux Rédempteur, semblait dormir d'un paisible sommeil. Son visage, instantanément désenflé et dépouillé de la teinte rougeâtre que le venin cancéreux y avait répandue, avait repris ses contours gracieux et la couleur mate de l'ivoire. On l'exposa sur un lit de parade violet, dans le petit sanctuaire du château, transformé en chapelle ardente.

Pendant vingt-quatre heures, une garde d'honneur composée des jeunes filles de la congrégation de la sainte Vierge, dont elle était la présidente, ne cessa pas de réciter le chapelet à son intention, tandis que tous les villageois s'empressaient, tour à tour, de venir déposer auprès du catafalque une couronne de fleurs, en récitant une prière.

Aux obsèques, le concours s'accrut encore de tous les habitants des hameaux voisins, accourus pour rendre hommage à l'humble fille de St. Dominique dont la réputation de sainteté et de charité s'était étendue jusqu'à eux.

Les funérailles furent un véritable triomphe. Le cortége se dirigeant par les chemins et les sentiers qui serpentent depuis le vieux manoir jusqu'à l'église paroissiale, à travers des haies d'aubépines en ce moment en fleurs, rappelait le ravissant spectacle des processions champêtres, tant exalté par les peintres et les poètes chrétiens. Ces croix et ces bannières couvertes de crêpes de deuil, ces longues files d'enfants, d'adolescents, de femmes et d'hommes faisant retentir l'air du chant funèbre du *Miserere*, quoi de plus attendrissant !

Et cette saisissante manifestation se produisait autour du cercueil d'une jeune fille de vingt ans, porté par d'autres jeunes filles de son âge. pleines de vie et de santé. Quel tableau et quel contraste !

. . . .

Enfin, après la grand’ messe et l’absoute, ce cercueil si révéré fut descendu dans le caveau seigneurial où reposent plusieurs générations, derrière l’abside de l’antique église romane, autour de laquelle les morts attendent la résurrection universelle.

Quand la pierre sépulcrale eut été scellée, quelques sœurs tertiaires restèrent prosternées, achevant la récitation de l’office des défunts. Au milieu de ce groupe était couchée, gémissant amèrement, la levrette de sœur Marguerite. Intéressante bestiole qui s’obstina à ne pas quitter cette place, malgré les efforts, les caresses, les appels réitérés, les pressantes provocations de la bonne, qu’elle suivait ordinairement. On lui servit là, chaque jour, une pâtée qu’elle ne toucha pas, pendant une semaine, Alors, affaiblie, elle ne put se défendre et se laissa transporter dans la chambre de sa maîtresse, d’où elle s’échappa, vers le soir, pour venir expirer sur son tombeau.

Cet attachement invincible, sans bornes, constant et fidèle d’un animal, jusqu’à mourir pour ne point se séparer de la personne aimée, méritait bien une mention honorable.

— « Ah ! s’écrie un élégant auteur, après avoir cité des traits aussi touchants, l’éloquent Lacordaire, à l’âme si sensible et si forte, avait raison d'avancer qu'il fallait mettre un point d'interrogation devant le mystérieux problème de la vie future des bêtes. » (*)

Le tombeau de Sr Marguerite, toujours environné de pâquerettes, d'anémones, de tulipes, de boutons d'or et surtout de violettes cultivées en plate-bande, n'a pas cessé d'être l'objet de la vénération publique. Les bons villageois se croiraient coupables envers leur bienfaitrice si, avant d'entrer dans l'église, ou en la quittant, ils manquaient de réciter à deux genoux, non pas un *De Profundis* à son intention, mais de formuler une demande de secours de sa part.

Une sainte comme elle, disent-ils, n'a pas besoin de prières : elle est certainement au ciel, intercédant pour nous, auprès de Dieu. Que ne peut-elle pas nous obtenir, à nous qu'elle a comblés de tant de bienfaits, pendant sa vie mortelle ?

Aussi, dans les épreuves générales ou particulières, morales ou physiques, lorsque la sécheresse compromet les semences, quand la faux de l'implacable messagère se balance sur une tête chérie, les visites se multiplient,

---

(*) Madame la Comtesse C. D. Coote : « Histoire de trois chiens, d'une jument et de trois oiseaux » ouvrage couronné par les Sociétés protectrices des animaux de Paris et de Cannes, 1880.

les supplications se déroulent plus ferventes, les bouquets et les couronnes abondent, auprès de *l'ange* de la paroisse. Son sépulcre vénéré ressemble souvent à un autel de pélerinage.

Gloire à Dieu !
Gloire à Marie !
Gloire à saint Dominique !

TABLE DES MATIÈRES

CHAPITRE TROISIÈME

CHAPITRE QUATRIÈME

CHAPITRE CINQUIÈME

CHAPITRE SIXIÈME

Imp. de la Soc. de Sjp. NOIZETTE, 8, r. Campagne-1re. Paris